Arthur Wallis

Biblisch fasten

Arthur Wallis

Biblisch fasten

Ein verkannter Weg zu mehr Vollmacht

GloryWorld-Medien

2. Auflage 2026

Dieses Buch ist eine überarbeitete Neuauflage des Titels „Ein Fasten, das Gott gefällt" (Herold-Schriftenmission e.V., Leun, 2000).

Bibelzitate sind, falls nicht anders vermerkt, der Luther-Übersetzung 1984 entnommen. Hervorhebungen stammen vom Autor. Weitere Bibelübersetzungen:

ELB: Elberfelder Bibel, Revidierte Fassung von 2006
JDM: Jesus der Messias, GloryWorld-Medien 2024
HFA: Hoffnung für alle, Basel und Gießen, 2015

Das Buch folgt den Regeln der Deutschen Rechtschreibreform. Die Bibelzitate wurden diesen Rechtschreibregeln angepasst.

Lektorat: Anne Horn, Günter Kretz
Satz: Manfred Mayer
Umschlaggestaltung: Jens Neuhaus, www.7dinge.de

Foto: Pixabay

Printed in Germany

ISBN: 978-3-95578-632-8
Bestellnummer: 356632

Erhältlich beim Verlag:

GloryWorld-Medien
Beit-Sahour-Str. 4
D-46509 Xanten
Tel.: 02801-9854003
Fax: 02801-9854004
info@gloryworld.de
www.gloryworld.de

oder in jeder Buchhandlung

Stimmen zum Buch

Arthur Wallis schrieb dieses Buch vor fast sechzig Jahren. Er ahnte nicht, dass sein Buch das Standardwerk des Fastens für viele Generationen von Gläubigen werden würde. Diejenigen, die danach strebten, Gott näher kennenzulernen und Gottes wunderbare Kraft als Antwort auf ihr Gebet zu erleben, haben dieses Buch gelesen, studiert und angewendet. Möge es weitere sechzig Jahre geisterfüllten Dienstes haben.

Elmer L. Towns
Mitbegründer und Vizepräsident der *Liberty University*

Ich habe dieses Buch gelesen, als ich achtzehn Jahre alt war, und mehr als vierzig Jahre später praktiziere ich immer noch, was Arthur Wallis mich gelehrt hat.

Rick Warren
Autor von *Leben mit einer Vision*

Dieses Buch ist nach wie vor der gut recherchierte, biblisch fundierte Leitfaden für alle, die mit dem Fasten beginnen oder mehr über diese beeindruckende geistliche Disziplin erfahren wollen, die die Macht hat, dein Leben zu verändern.

Susan Gregory
Autorin von *The Daniel Fast*

Inhalt

Vorwort des Autors

In einer großen Stadt erkundigte ich mich in allen christlichen Buchläden nach einer Publikation zum Thema Fasten. Sie konnten mir nicht einen einzigen Titel empfehlen. Ein paar Tage später kaufte ich in einem Bioladen in derselben Stadt ein Buch über Gesundheitsfasten. Bald stellte ich fest, dass die Ernährungsreformer viel mehr über den körperlichen Aspekt dieses Themas schrieben als die christlichen Autoren über den geistlichen Aspekt. Später fand ich doch noch zwei geistliche Bücher, die einige hilfreiche Lehren und weise Ratschläge enthielten.

Da sich der Wert und der Segen des Fastens in meinem Leben über viele Jahre hinweg erwiesen hatte, gab es mir zu denken, dass so viele ernsthafte Gläubige sich anscheinend noch nie eingehend mit diesem Thema beschäftigt haben. Darum sah ich mich regelrecht genötigt, denen, die sich nach dem Besten von Gott sehnen, aufzuzeigen, was die Bibel über diese geistliche Übung zu sagen hat. Mein Ziel war es, ein Handbuch zu verfassen, das nicht nur die wichtigsten Bibelstellen zu diesem Thema behandelt und ein Bibelstellenverzeichnis enthält, sondern auch so umfassend wie möglich auf die damit verbundenen praktischen Fragen eingeht.

In dem Teil des Buches, der sich mit der körperlichen und praktischen Seite befasst, wurde dem längeren Fasten mehr Platz eingeräumt, da dafür ein richtiges Verständnis der körperlichen Aspekte sehr wichtig ist. Das heißt aber nicht, dass jeder zu einem längeren Fasten berufen ist und ein kurzes Fasten vergleichsweise weniger wertvoll wäre. Das trifft auf keinen Fall zu. Aber auch für den, der selbst nur kurze Zeit fastet, ist es nützlich, die Reaktion des Körpers auf ein längeres Fasten zu verstehen.

Natürlich ist die Erörterung dieser körperlichen Seite eher Sache der Medizin als des Bibellesers. Hier bin ich besonders Dr. Otto Buchinger aus Deutschland und Dr. Herbert Sheldon aus San Antonio, Texas, zu Dank verpflichtet, die beide Experten auf dem Gebiet des Heilfastens sind. Ich danke meinen medizinischen Freunden, die das Manuskript gelesen und sorgfältig geprüft haben, und auch allen anderen, die mir wertvolle Hinweise gegeben haben.

Wenn eine vernachlässigte Wahrheit wieder neu entdeckt wird, besteht immer die Gefahr, dass man sie dann überbetont. Ich bin mir dieser Gefahr im Zusammenhang mit diesem Thema durchaus bewusst und habe darum versucht, ihm kein stärkeres Gewicht beizumessen, als es der Bibel entspricht. Man kann die Wahrheit mit einem gemalten Portrait vergleichen: Wird ein Merkmal überbetont, so wird das Portrait zur Karikatur der Wahrheit. Das hätte im Fall des Fastens zur Folge, dass vernünftige Menschen dieses von Gott eingesetzte Mittel der Gnade verwerfen und als etwas für Exzentriker oder Fanatiker abtun.

Fasten *ist* – wie dieses Buch hoffentlich zeigen wird – wichtig, wichtiger als viele von uns denken. Trotzdem ist es weder eine maßgebende biblische Lehre noch ein Fundament des Glaubens noch ein Allheilmittel für geistliche Probleme. Ein Fasten jedoch, das mit reinem Herzen und aufrichtigen Motiven praktiziert wird, kann zu einem Schlüssel werden, der Türen öffnet, wo andere Schlüssel versagt haben; ein Fenster, welches in der unsichtbaren Welt neue Horizonte eröffnet; eine geistliche Waffe, die uns Gott zur Verfügung stellt und *„die mächtig ist, Festungen zu zerstören“*[1]. Möge Gott dieses Buch gebrauchen, dass viele aus seinem Volk aufwachen und der ganzen Palette geistlicher Segnungen auf die Spur kommen, die ein echtes biblisches Fasten mit sich bringt.

[1] S. 2. Korinther 10,4.

Kapitel 1

Warum fasten?

Fasten ist in den letzten 200 Jahren aus der Mode gekommen – zumindest in den Kirchen des Westens. Der Gedanke, es könne heute tatsächlich jemand fasten, erscheint den meisten heutigen Christen seltsam. Sie bringen es vielleicht mit dem Christentum des Mittelalters in Verbindung oder womöglich auch mit den Bräuchen der katholischen Kirche. Oder sie erinnern sich, dass politische Führer, wie Mahatma Ghandi, das Fasten als Waffe des passiven Widerstands benutzt haben. Als geistliche Disziplin jedoch ist es ihrer Meinung nach auf Gläubige beschränkt, die ein bisschen extrem oder fanatisch sind.

Andere haben Bedenken, was den praktischen Aspekt betrifft. Für sie sind Fasten und Hungern gleichbedeutend, und sie befürchten, dass es schädliche Folgen hat. Weil *„niemand je sein eigenes Fleisch hasst, sondern es nährt und pflegt“* (Epheser 5,29), sind sie sozusagen instinktiv gegen das Fasten. „Sei vorsichtig“, warnen sie, „du könntest deiner Gesundheit ernsthaft schaden. Mit einem solch hohen Arbeitspensum kannst du es dir nicht leisten, dich körperlich zu entkräften!“

Woher kommt diese Einstellung gegen eine geistliche Disziplin, die doch so offensichtlich biblisch ist? Eine Erklärung ist, dass das Fasten eines der Hauptmerkmale einer Askese war, die in der nachapostolischen Zeit erstmals in Erscheinung trat und im Mittelalter extreme Formen annahm und zugleich weit verbreitet war. In der Folgezeit lehnten die Leute alles ab, was nur irgendwie nach Askese aussah, und noch heute leidet die Kirche unter dieser Reaktion. Auch in unseren Tagen haben wir die geistliche Ausgewogenheit des neutestamentlichen Christseins noch nicht wiedererlangt.

Ich hörte einmal eine wirklich anregende Predigt eines fähigen Bibellehrers über die Antwort Jesu auf die Frage nach dem Fasten. Damals sagte Jesus, die Hochzeitsgäste würden nicht fasten, bis der Bräutigam von ihnen genommen wird. Alles, was der Prediger sagte, war äußerst hilfreich, aber er ging nicht ein einziges Mal auf das Fasten ein, noch gab er irgendeinen Hinweis, ob und wieweit es heute noch einen Platz im christlichen Leben habe.

Wenn wir von Vorurteilen bestimmt oder von traditionellen Ansichten geprägt sind, können wir immer wieder mit biblischen Wahrheiten konfrontiert werden, ohne dass diese uns innerlich wirklich anrühren. Unsere geistliche Blockade lässt uns diese Wahrheit zwar zur Kenntnis nehmen, aber wir sind nicht in der Lage, sie wirklich zu begreifen. Die Wahrheit schlummert in uns, wird mit dem Verstand erfasst, aber geistlich nicht angewendet. Dies trifft besonders auf das Fasten zu.

Wird aber eine solche Wahrheit erst einmal durch den Heiligen Geist erhellt, kommt es bei den meisten sogleich zu einem inneren Konflikt, weil die Wahrheit der Bibel plötzlich *„lebendig und mächtig"* geworden ist und unsere traditionellen Ansichten und Vorurteile in Frage stellt.

Je nachdem wie diese innere Auseinandersetzung ausgeht, zeigt sich, wie offen wir dafür sind, neue Klarheit von Gott zu empfangen, ihm zu gehorchen und dadurch in der Erkenntnis der Wahrheit zu wachsen. Dieses Buch will uns vor die Frage stellen, ob wir bereit sind, unsere derzeitige Einstellung zum Thema Fasten (oder das Fehlen einer solchen) auf den Prüfstand von Gottes Wort zu stellen, um dann „der Schrift gemäß" zu leben (1. Korinther 4,6).

Die meisten Bibelstellen über das Fasten werden in diesem Buch behandelt. Es mag den Leser überraschen, wie es zweifellos auch mich erstaunte, wie viel uns die Schrift über den Wert des Fastens sowohl durch Beispiele als auch durch Lehre zu sagen hat. Sie warnt uns aber auch vor den Gefahren, die mit dem Fasten verbunden sind, und diese werden hier ebenfalls zur Sprache gebracht.

Zu den großen Heiligen der Bibel, die gefastet haben, gehören der Gesetzgeber Mose, König David, der Prophet Elia und der Seher Daniel. Im Neuen Testament haben wir das Beispiel unseres Herrn wie das seiner Apostel. Fasten hatte ganz klar seinen festen Platz im Leben der Urgemeinde. Zudem war diese biblische Praxis auch nicht auf

Männer beschränkt, denn wir finden Hanna im Alten und Hanna im Neuen Testament in der Reihe der Fürbitter, die sowohl gefastet als auch gebetet haben.

Große Gottesmänner der Kirchengeschichte praktizierten das Fasten und bestätigten seinen Wert, unter ihnen die großen Reformatoren, wie Luther, Calvin und Knox. Fasten war nie auf eine bestimmte theologische Richtung beschränkt. Wir finden unter den Fastenden den Calvinisten Jonathan Edwards, den Arminianer John Wesley oder auch David Brainerd und Charles Finney, also große Theologen und Prediger, Pastoren und Missionare, Erweckungsprediger und Evangelisten. Zu ihnen gehören auch Pastor Hsi aus China und Pastor Blumhardt aus Deutschland, die Gott vor über einem Jahrhundert zur Befreiung der von Satan Gebundenen gebraucht hat, jeder an seinem Platz. Die Zeit würde nicht ausreichen, die wachsende Zahl derer zu erwähnen, die Gott heute zum gleichen Dienst des Betens und Fastens berufen und zubereitet hat.

Die Taten der Großen können fast nie verborgen bleiben. Kaum sind sie im Grab erkaltet, so durchwühlen schon ihre Biographen ihre Aufzeichnungen und privaten Tagebücher. Doch erst, wenn die Bücher im Himmel aufgeschlagen werden, wird die Zahl der unbekannten Heiligen ohne Tagebücher und Biografien offenbar, die fasteten und zu dem Gott beteten, der ins Verborgene sieht. Auch sie werden dann in der unzählbaren Schar erlesener Heiliger glänzen „wie die Sterne von Ewigkeit zu Ewigkeit“.

In neutestamentlicher Zeit war das Fasten ein Kanal der Kraft. Als dann aber das geistliche Leben mehr und mehr abflaute und die Weltlichkeit in den Kirchen einzog, wurden ihnen die Kraft und die Gaben des Geistes entzogen. Ohne innere Kraft konnten die Menschen sich nur noch an die äußeren Formen klammern. Dies führte dazu, dass der äußerliche Akt des Fastens immer mehr betont wurde, obwohl er doch des lebendigen Geistes beraubt war, der dem Fasten den eigentlichen Wert verleiht. Askese wurde zum Merkmal der Frömmigkeit und des geistlichen Lebens. Was Paulus über *„die Leute, die eine äußere Form der Frömmigkeit besitzen, deren Kraft aber verleugnen“* (2. Timotheus 3,5) gesagt hatte, traf auf sie zu.

Aber, dem Herrn sei Dank, ein neuer Tag bricht an und ein neuer Durst nach dem Geist fängt an, die schlummernde Kirche aus ihrem Schlaf zu wecken. Es ist eine Zeit der geistlichen Erneuerung, überall gibt es ein Suchen und Fragen, eine Last und ein tiefes Verlangen. Der Herzensschrei der Gemeinde steigt zum Himmel empor. Der Geist Gottes fängt an, sich zu regen. Das ist nichts anderes als die ersten Geburtswehen des neuen Zeitalters, das bald geboren wird.

Gott will eine herrliche Gemeinde ohne Flecken und Runzeln, eine Braut, die seines geliebten Sohnes würdig ist. Ich bin überzeugt, dass wir in diesen Geburtswehen eines der verlorenen Geheimnisse der Urgemeinde wieder entdecken werden: die Kraft, die freigesetzt wird durch wahrhaft biblisches Fasten, ein Fasten für Gott.

Kapitel 2

Normales Fasten

Er fastete vierzig Tage und vierzig Nächte, und danach hungerte ihn (Matthäus 4,2).

Wenn manchen Leuten eine klare, wörtliche Aussage in der Bibel nicht behagt, sind sie versucht, diese in einem übertragenen Sinne zu deuten und damit ihrer Wirksamkeit zu berauben. Ist die Wahrheit erst einmal vernebelt, verliert sie ihre praktische Bedeutung. Ihre Schneide ist stumpf, sie kann nicht mehr durchdringen. So ist die Kirche – insbesondere die evangelikale – mit der biblischen Lehre vom Fasten verfahren.

„Fasten", heißt es dann, „ist nicht einfach Verzicht auf Nahrung, sondern Verzicht auf alles, was unsere Gemeinschaft mit Gott hindert." Oder: „Fasten bedeutet verzichten, Selbstverleugnung üben." Die Bedeutung muss nur entsprechend erweitert werden, und schon ist ihr die die trennende Schärfe genommen.

Sicher gibt es neben Essen viele Dinge, die unserer Gemeinschaft mit Gott im Wege stehen. Ohne Zweifel sollen wir grundsätzlich Selbstverleugnung üben. Doch Tatsache ist, dass „fasten" zuerst einmal „nicht essen" bedeutet[2]. In biblischen Zeiten gab es drei Hauptarten des Fastens, doch jede Form bestand aus buchstäblicher Enthaltsamkeit. Wenn der Begriff auch zeitweise erweitert wird, um andere Arten der Selbstverleugnung mit einzubeziehen, so ändert das nichts an seiner Grundbedeutung.

Der Einfachheit halber wollen wir diese erste und bekannteste Art „das normale Fasten" nennen. Worum es sich dabei handelt, geht klar

---

[2] Griechisch *nesteuo*: *ne,* ein negatives Präfix, und *esthio,* essen.

aus der ersten Erwähnung des Fastens im Neuen Testament hervor: Jesus fastete … und danach war er hungrig. Es bedeutete Verzicht auf jegliche Nahrung in fester oder flüssiger Form, aber nicht auf Wasser. Aus den Einzelheiten des Berichts können wir schließen, dass unser Herr auf diese Weise gefastet hat.

Es heißt, dass *„er nichts aß"* (Lukas 4,2), jedoch nicht, dass er nichts trank. Danach „hungerte ihn"; von Durst wird nichts berichtet. Obwohl Durstqualen schlimmer sind als Hunger, wollte Satan ihn zum Essen verführen, nicht zum Trinken. All dies lässt uns annehmen, dass dieses Fasten ein Verzicht auf Nahrung, aber nicht auf Wasser war. Der menschliche Organismus könnte auch keine vierzig Tage ohne Wasser leben, es sei denn, er würde auf übernatürliche Weise erhalten und versorgt.

Es besteht keine Veranlassung anzunehmen, dass echtes Fasten den Verzicht auf Schlaf einschließt. Gott ruft uns vielleicht dazu auf, dies für sehr kurze Zeitspannen zu tun, z. B. den Schlaf einer Nacht zu opfern. Paulus spricht von „wachen" im Unterschied zu „fasten" (2. Korinther 6,5; 11,27). Wenn der Verzicht auf Schlaf für das Fasten von Bedeutung wäre, wäre ein langes Fasten nie möglich, es sei denn mit übernatürlicher Hilfe. Der Körper verlangt nach Schlaf noch mehr als nach Wasser und würde früher oder später von Müdigkeit übermannt werden, womit dann das Fasten ungewollt unterbrochen wäre.

Das normale Fasten war also Verzicht auf jede Form von Nahrung, jedoch nicht auf Wasser. Dieses Fasten muss von den beiden anderen Formen, dem absoluten und dem teilweisen Fasten, unterschieden werden, denen wir uns nun zuwenden wollen.

Kapitel 3

Absolutes Fasten

Drei Tage aß und trank er nicht (Apostelgeschichte 9,9).

Es gibt in der Bibel ein paar Beispiele des absoluten Fastens, das heißt, des Verzichts auf Essen *und* Trinken. Normalerweise war es auf drei Tage beschränkt, weil ein längerer Verzicht sich wahrscheinlich schädlich auf den Körper ausgewirkt hätte. Der Körper kann zwar lange Zeit ohne Nahrung sein und physisch dadurch sogar profitieren; doch ohne Wasser hält er es nur sehr kurze Zeit aus.

Von Esra wird berichtet, dass er die Nacht verbrachte, ohne zu essen und Wasser zu trinken, denn er trauerte über die Treulosigkeit derer, die aus der Gefangenschaft gekommen waren (Esra 10,6). Entsetzen und tiefe Trauer kamen über ihn, als er den schändlichen Kompromiss sah, in dem das Volk, angeführt von den Priestern, Leviten und Beamten, lebte. Er berichtet: *„Ich zerriss mein Kleid und meinen Mantel und raufte mir Haupthaar und Bart und setzte mich bestürzt hin"* (Esra 9,3). Überwältigende Sorge trieb ihn zum Fasten, und er nahm weder Nahrung noch Wasser zu sich.

Königin Ester gab Mordechai die Anweisung: *„Fastet für mich, dass ihr nicht esst und trinkt drei Tage lang, weder Tag noch Nacht. Auch ich und meine Dienerinnen wollen so fasten"* (Ester 4,16). Ein äußerst gefährliches Edikt drohte das ganze jüdische Volk auszurotten. Selbst Ester als Königin durfte für sich keine Schonung erwarten. Sie rief zu diesem absoluten Fasten auf, weil verzweifelte Situationen ebenso radikale Maßnahmen erfordern.

Saulus von Tarsus kam in Damaskus an, benommen und geblendet durch seine Begegnung mit dem auferstandenen Christus, und *„drei Tage lang aß und trank er nichts"* (Apostelgeschichte 9,9).

Die geistliche Revolution im Innern dieses jungen Pharisäers veränderte nicht nur *sein* ganzes Leben, sondern prägte auch die Geschichte der Gemeinde Jesu. Möglicherweise war die Umwälzung in ihm so tiefgreifend, dass er an Essen oder Trinken einfach nicht dachte.

Die Bibel gibt uns Beispiele absoluten Fastens, die in Anbetracht der jeweils langen Dauer übernatürlichen Charakters gewesen sein müssen. Zweimal weilte Mose jeweils vierzig Tage und vierzig Nächte in der Gegenwart Gottes, ohne zu essen oder zu trinken (s. 5. Mose 9,9.18; 2. Mose 34,28). Das erste Mal war die Zeit, als er die Zehn Gebote von Gott erhielt, das zweite Mal folgte unmittelbar darauf, nachdem er entdeckt hatte, dass das Volk das goldene Kalb anbetete und so das Gesetz gebrochen hatte, bevor es ihm offiziell gegeben worden war. Diese beiden Fastenzeiten folgen einander zeitlich ohne Pause und bilden zusammen das zweifellos längste Fasten in der Bibel, nämlich 80 Tage ohne Nahrung und Flüssigkeit.

Auch Elias Weg zum Berg Horeb wurde allem Anschein nach unter absolutem Fasten zurückgelegt. Trifft dies zu, so muss es sich um ein übernatürliches Fasten gehandelt haben. Als er unter dem Wacholderbaum schlief, auf der Flucht vor Isebel, wurde er von einem Engel geweckt und mit einem gerösteten Brot und einem Krug Wasser versorgt. Zweimal wurde er aufgefordert zu essen und zu trinken, und dann *„ging er durch die Kraft der Speise vierzig Tage und vierzig Nächte bis zum Berg Gottes, dem Horeb"* (1. Könige 19,8).

Eine so lange Reise durch die glühende Wüste, wenn sie, wie in der Schrift angedeutet, ohne weitere Nahrung zu Ende geführt wurde, stellt ein absolutes Fasten dar, das genauso übernatürlich war wie das Fasten des Mose. Darin sehen wir eine weitere bedeutungsvolle Parallele zwischen diesen beiden führenden Vertretern des alten Bundes. Sowohl Mose, der Gesetzgeber, als auch Elia, der Wiederhersteller des Gesetzes (s. Maleachi 3,22-23; Markus 9,12), beendeten ihr Leben auf übernatürliche Weise, zudem war auch ihr Wiedererscheinen auf dem Berg der Verklärung übernatürlicher Art.

Wir lassen nun im Folgenden solche spektakulären, übernatürliche Fastenzeiten außer Betracht, wobei wir festhalten, dass das absolute Fasten eine außergewöhnliche Maßnahme für außergewöhnliche Situationen ist. Ein solches Fasten ist geistlichen Notfällen vorbehalten. Mir sind extreme Notsituationen bekannt, die sich durch normales Gebet und Fasten nicht geändert haben, sondern erst, als der Beter von Gott zum absoluten Fasten hingeführt wurde. Ganz besonders trifft dies auf Fälle starker Besessenheit durch böse Geister zu. Um länger als drei Tage in solchem Fasten zu verbringen, sollte man ganz sicher sein, dass dies der Wille Gottes ist.

Kapitel 4

Teilweises Fasten

Ich aß keine leckere Speise; Fleisch und Wein kamen nicht in meinen Mund (Daniel 10,3).

Die Betonung liegt hierbei auf der Einschränkung der Kost, nicht auf völligen Verzicht. Zu Beginn des Buches Daniel werden uns Daniel und seine drei Gefährten vorgestellt. Sie waren aus den hebräischen Verbannten wegen ihrer vornehmen Herkunft und hohen Bildung ausgewählt worden und sollten eine besondere Ausbildung erhalten, um später am Hof des Königs von Babylon zu dienen.

Diese Männer beschlossen, sich weder mit der reichen Kost des Königs noch mit dem Wein, den er trank, zu verunreinigen, da diese zuvor den babylonischen Göttern geopfert wurden. Stattdessen erbaten sie sich Gemüse und Wasser. Der zuständige Aufseher erklärte sich damit einverstanden, die Wirkung dieser einfachen Kost zehn Tage lang zu erproben. Danach *„sahen sie schöner und kräftiger aus als alle jungen Leute, die von des Königs Speise aßen"* (Daniel 1,15).

Ob es sich hierbei um ein übernatürliches Eingreifen handelte oder nicht, ist schwer zu sagen. Eine allgemein akzeptierte Tatsache in der Ernährungswissenschaft ist jedoch, dass einfache und vollwertige Speisen weitaus bekömmlicher sind als reichliche und üppige Kost. Leute, die sich in Kreisen bewegen, in denen ständig viel gegessen und getrunken wird, haben oft mit Krankheiten zu tun, die auf exzessiven Konsum zurückzuführen sind. Demgegenüber profitiert der Körper von allen Formen des Fastens. In vielen nichtchristlichen Kreisen wird deshalb allein aus gesundheitlichen Gründen gefastet.

Der Wert des Teilfastens beschränkt sich jedoch nicht nur auf den körperlichen Aspekt. Im Buch Daniel lesen wir später, wie dieser

Prophet eine Offenbarung über die Zukunft seines Volkes Israel von Gott empfing. Dort sehen wir, wie er den Herrn suchte, um diese Vision verstehen zu können: *„Zu der Zeit trauerte ich, Daniel, drei Wochen lang. Ich aß keine leckere Speise; Fleisch und Wein kamen nicht in meinen Mund; und ich salbte mich auch nicht, bis die drei Wochen um waren“* (Daniel 10,2-3).

Wir erfahren nicht, weshalb er nicht die Form des normalen Fastens wählte, wie er es im vorhergehenden Kapitel getan hatte. Vielleicht ließen Staatsgeschäfte oder andere Umstände dies nicht zu; oder Gott führte ihn eben anders. Zweifellos ist eine solche Einschränkung der Kost in Zeiten intensiver Gottessuche äußerst wertvoll. Für Daniel ergaben sich daraus ein großartiger geistlicher Sieg über die Mächte der Finsternis sowie die Enthüllung der Vision durch einen Engel.

Was wir bei Elia in der Zeit seiner geistlichen Vorbereitung sehen können, kommt dem teilweisen Fasten sehr nahe. Morgens und abends brachten ihm die Raben Brot und Fleisch, und dazu trank er aus dem Bach Krith. Später im Haus der Witwe von Zarpat musste er sich dann mit einfachen Kuchen aus Mehl und Öl begnügen (s. 1. Könige 17).

Für einen, dem geistliche Kraft anvertraut werden sollte, war diese Übung in der Selbstverleugnung unerlässlich. Zudem war es durchaus angebracht, dass die Speise des Dieners Gottes sehr einfach war, denn im Lande herrschte Hungersnot und viele seiner eigenen Landsleute waren vom Hungertod bedroht. Um notleidenden Menschen wirklich dienen zu können, müssen wir uns so in ihre Lage versetzen, dass wir ihnen auf Augenhöhe begegnen.

Einst beeindruckte eine gläubige Russin mit dieser Einstellung zutiefst ein christliches Ehepaar, als sie vor einigen Jahren auf deren Farm kam. Durch ein Wunder bekehrt, erhielt sie Gottes Ruf, in einem Flüchtlingslager in Österreich für ihn zu arbeiten. Bei den Mahlzeiten auf der Farm wies sie höflich die Sahne zurück, die häufig angeboten wurde, und beschränkte sich auf das einfachste Essen mit dem Hinweis, sie könne nicht anders, da doch ihre Brüder und Schwestern und die Leute, unter denen sie sonst arbeitete, in so großer Not lebten. Gott weiß solche Selbstverleugnung zu schätzen.

Das neutestamentliche Gegenstück zu Elia war Johannes der Täufer. Die Evangelien berichten, dass er oft fastete und ansonsten nur von einfacher Kost lebte, die aus Heuschrecken und wildem Honig bestand.

Das teilweise Fasten bzw. Teilfasten bietet uns hier eine Bandbreite von verschiedensten Alternativen, die sich als nützlich und segensreich erwiesen haben. Man kann zum Beispiel fasten, indem man sich während der Fastenzeit auf eine einzige Kost beschränkt. John Wesley tat dies, als er seine Arbeit in Georgia aufnahm: Er lebte dann ausschließlich von trockenem Brot. Dieses Fasten geschah im Zusammenhang mit einer Situation, die er als einen Fall von dämonischer Besessenheit einstufte[3].

Andere fasteten teilweise, indem sie eine bestimmte Mahlzeit des Tages ausgelassen haben und somit die Menge der Nahrung einschränkten. Rees Howells tat dies, wie wir aus seiner Biografie erfahren, zu einer Zeit, als Gott ihn für eine neue Arbeit vorbereitete: „Er aß viele Tage lang nicht zu Mittag … sondern verbrachte die Stunde mit Gott."[4] Allerdings heißt es hier wachsam sein, um sicherzugehen, dass die ausgelassene Mahlzeit nicht bei der nächsten nachgeholt wird!

Diese Art von Fasten ist außerordentlich wertvoll, wo die Umstände ein normales Fasten unmöglich oder schwierig machen. Es erfordert gewiss nicht weniger Selbstdisziplin! Es kann als Sprungbrett zum normalen Fasten dienen für diejenigen, die noch nie gefastet haben. Eines seiner großen Vorteile ist, dass auch nach längerem Teilfasten gleich zu normaler Kost übergegangen werden kann, was bei den anderen beiden Arten des Fastens nicht der Fall ist.

Wir werden später bei allen drei Arten des Fastens, die wir hier betrachtet haben, feststellen, dass biblisches Fasten sowohl öffentlich als auch privat, regelmäßig oder gelegentlich, unfreiwillig oder freiwillig stattfinden kann. Wir werden ebenfalls sehen, dass die Nöte und Umstände, die die Menschen zum Fasten bewegten, ganz verschieden sind. Danach wollen wir uns dem zuwenden, wie wir dies auf unser Leben anwenden können. Doch lasst uns zuvor zwei Kernaussagen unseres Herrn über das Fasten untersuchen, denn diese sollen für unsere Einstellung zum ganzen Thema tonangebend sein.

---

[3] N. Churnock (Hrsg.), *Wesley's Journals*, Vol. I.

[4] Norman Grubb, *Rees Howells, Intercessor*. CLC Publications.

Kapitel 5

Nicht „falls", sondern „wenn"

Wenn du nun Almosen gibst ... wenn ihr betet ... wenn ihr fastet (Matthäus 6,2.5.16).

Der große Missionsauftrag Jesu an seine Apostel lautete: „Macht alle Völker zu Jüngern und lehrt sie alles zu halten, was ich euch befohlen habe" (Matthäus 28,19.20). In den vergangenen 150 Jahren gab es eine Tendenz, die Lehre der apostolischen Briefe derart zu betonen und hervorzuheben, dass dagegen die Lehre Jesu in den Evangelien zweitrangig erscheinen musste.

Einige haben gar behauptet, die Bergpredigt gelte nicht unmittelbar für die heutigen Gläubigen. Sie sei im Grunde messianisch und jüdisch und für die Erfüllung in einem zukünftigen tausendjährigen Reich bestimmt. Das ist ein gravierender Irrtum und steht im direkten Widerspruch zu dem soeben zitierten Missionsauftrag Jesu. Der Sinn dieser Worte ist doch gewiss der, dass das, was Jesus seinen Jüngern anvertraute, jeder nachfolgenden Generation von Jüngern weitergegeben und auch befolgt werden sollte, bis die Zeit erfüllt ist (1. Timotheus 6,3-4a).

Was hat nun unser Herr seinen Jüngern über das Fasten gesagt? Das müsste auch der Maßstab für uns heute sein. Der oben angeführte Bibelvers aus Matthäus 6 enthält die erste seiner zwei wichtigsten Aussagen zu diesem Thema.

Als Jesus vom Almosengeben, Beten und Fasten sprach, warnte er seine Zuhörer vor einem nutzlosen Zurschaustellen ihrer Frömmigkeit (Matthäus 6,1-18). Zudem sagte er nicht ***„falls** ihr betet"*, als ob das Gebet optional wäre, sondern ***„wenn** ihr betet"*. Er setzte voraus, dass sie das Gebet als unerlässlich erachten würden.

Ebenso wenig hat er gesagt ***„falls** ihr fastet“*, als ob die Jünger individuell dazu angeregt werden müssten, es zu tun bzw. zu lassen, oder als gelte dies nur einigen wenigen Auserwählten, wie etwa den Aposteln, Propheten, Predigern oder leitenden Persönlichkeiten. Er erklärt allen seinen Jüngern ganz unzweideutig, mit großer Bestimmtheit und ohne spezielle Anforderungen zu nennen: ***„Wenn** ihr fastet ... “!* Er ließ keinen Zweifel daran, dass er es als selbstverständlich ansah, dass seine Jünger der Führung des Heiligen Geistes sowohl in dieser Hinsicht als auch bezüglich des Betens und Gebens gehorchten, wenn es die Umstände erforderten.

Es ist hervorzuheben, dass der Herr das Fasten als eine geistliche Übung losgelöst vom Beten behandelt. Obwohl fasten und beten in der Schrift und in der Praxis häufig miteinander verknüpft sind, muss das nicht zwingend der Fall sein. Wir sollten das Fasten nicht als etwas Halbes betrachten, das nur in Verbindung mit Gebet vollständig wird. Im Gegenteil, es hat seine eigene Daseinsberechtigung und dient zuweilen einem ganz eigenen geistlichen Zweck.

Genau wie das Beten ohne Fasten, kann auch das Fasten ohne Beten Gott wohlgefällig sein – ganz einfach als Fürbitte. Bei dem Fasten, von dem wir im Buch Ester lesen, findet gleichzeitiges Gebet keine Erwähnung. Das Fasten der Propheten und Lehrer in der Gemeinde von Antiochia drückte eher Anbetung als Gebet aus (Apostelgeschichte 13,2). Auch wenn man die Zeit des Fastens nicht ausschließlich im Gebet verbringen kann, ist diese Zeit darum ihres geistlichen Wertes keinesfalls beraubt. In den folgenden Kapiteln werden wir sehen, dass das Fasten neben der wichtigen Unterstützung in der Fürbitte noch viele andere Funktionen hat.

Kapitel 6

Jetzt ist die Zeit

Es wird aber die Zeit kommen, dass der Bräutigam von ihnen genommen wird; dann werden sie fasten (Matthäus 9,15).

Diese zweite wichtige Aussage Jesu über das Fasten war die Antwort auf eine Frage der Jünger des Johannes des Täufers. *„Warum"*, fragten sie, *„fasten wir und die Pharisäer, doch deine Jünger fasten nicht?"* Christi Antwort trifft den Kern der Frage, ob Christen heute fasten sollten: *„Wie können die Hochzeitsgäste Leid tragen, solange der Bräutigam bei ihnen ist? Es wird aber die Zeit kommen, dass der Bräutigam von ihnen genommen wird; dann werden sie fasten."*

Obwohl es Zeiten gab, in denen Jesus und seine Jünger Hunger hatten oder wegen zu starker Beanspruchung nicht genügend Zeit zum Essen fanden, haben wir keine Hinweise dafür, dass er oder seine Jünger offenkundig freiwillig gefastet hätten, ausgenommen den 40 Tagen, die der Herr in der Wüste vor Beginn seines öffentlichen Dienstes verbrachte. Und Jesus nennt hier den Grund, warum sie nicht fasten: Der Bräutigam war ja noch bei den Hochzeitsgästen.

Es war eine Zeit des Feierns, und nicht des Fastens, der Freude, und nicht der Trauer. Ein neuer Tag war angebrochen. Das Königreich Gottes war nahe. Die alte Ordnung mit ihren Riten und Zeremonien, mit der Sklaverei des Gesetzes, war für immer vorbei. Selbst als der Bräutigam von ihnen genommen wurde, gab es keine Rückkehr zur Gesetzlichkeit und zum Asketentum der alten Ordnung. Seine Jünger würden wohl wieder fasten, doch aus anderen Gründen und in einem anderen Geist als bisher; nicht in derselben Weise, die das Fasten der Pharisäer oder sogar Johannes des Täufers charakterisierte.

Wie Jesus weiter erklärte, war der alte judaistische Weinschlauch kein geeignetes Gefäß für den neuen Wein des Geistes.

„Es wird die Zeit kommen, dass der Bräutigam von ihnen genommen wird; dann werden sie fasten." Das ist vielleicht die entscheidendste Aussage im Neuen Testament zur Frage des Fastens. Auf welche Zeit bezog sich Jesus? Konnte er die sehr kurze Zeitspanne zwischen seiner Gefangenschaft und seiner Auferstehung gemeint haben? Einige haben dies auf Grund seiner folgenden Worte angenommen: *„Eine kurze Zeit, dann werdet ihr mich wiedersehen ... Wahrlich, wahrlich, ich sage euch: Ihr werdet weinen und klagen, aber die Welt wird sich freuen; ihr werdet leiden, doch euer Leid soll in Freude verwandelt werden"* (Johannes 16,16.20). Diese Ansicht wird mit folgender Argumentation vertreten:

> Er wurde von ihnen genommen, und während dieser dunklen Tage waren sie traurig und fasteten; doch er kam zurück und als er auf dem Ölberg stand, sagte er zu ihnen: „Siehe, ich bin bei euch allezeit." Da gibt es keinen Grund mehr zum Trauern; kein Anlass mehr für ein trauriges, gequältes Gesicht, sondern da ist viel Raum zur Freude, zum Jubeln und für ein glückliches Herz.[5]

Nach dieser Auffassung waren die Tage der Abwesenheit des Bräutigams auf drei oder höchstens vier Tage beschränkt. Mit der Auferstehung und mit dem Wiedererscheinen Christi war daher die Zeit des Fastens vorüber.

So angenehm diese Auffassung auch manchen erscheinen mag, ist sie doch aus mehreren Gründen unhaltbar. Erstens leben wir nicht in einer Zeit ungetrübter Freude. Natürlich gibt es Freude, doch ist sie mit Traurigkeit vermischt. Solange Sünde, Kummer und Konflikte uns umgeben, wird es auch reichlich Trauer geben: *„Wir müssen durch viel Trübsal in das Reich Gottes eingehen."*[6]

Abgesehen davon kann es wohl kaum ungetrübte Freude geben, solange unser geliebter Herr und Meister noch darauf wartet, sein Reich zu empfangen, für die „Mühe seiner Seele belohnt zu werden" (s. Jes 53,11) und in allem volle Genugtuung zu erfahren? Gewiss

---

[5] G. Campbell Morgan, *The Gospel According to Matthew*, Fleming H. Revell Co.

[6] Apostelgeschichte 14,22.

gelten hier seine eigenen Worte: *„Selig sind, die da Leid tragen“*[7], auch für unsere Zeit.

Die Worte des Herrn sprechen außerdem nur von zwei Zeitabschnitten: Zunächst die Zeit der Freude, *„solange der Bräutigam bei ihnen ist“*, die gerade in Erfüllung ging. Dieser sollte aber dann die Zeit des Leides folgen: *„Es wird aber die Zeit kommen, dass der Bräutigam von ihnen genommen wird.“* Die oben angeführte Auslegung legt die Betonung jedoch noch auf eine dritte Phase, nämlich die, in der der Bräutigam zu ihnen zurückkehrt. Davon findet sich aber in der Aussage Jesu nichts.

Im Gleichnis unseres Herrn freuen sich die Gäste bei der Hochzeit, weil der Bräutigam bei ihnen ist. Sobald die Feier vorbei ist, geht der Bräutigam weg, und die Gäste sind traurig, weil sie nicht wissen, wann sie ihn wiedersehen werden. *„Es wird aber die Zeit kommen, dass der Bräutigam ihnen genommen ist.“* Das lässt auf eine Abwesenheit von ungewisser Dauer schließen, doch sicher länger als der kurze Zauber des Festes.

Der Zeitspanne der Freude und des Feierns entsprechen eindeutig die Jahre seines irdischen Dienstes. Können wir annehmen, dass sich die Zeit der Trauer und des Fastens bereits in diesen wenigen Tagen der Abwesenheit erfüllte, bevor er bei der Auferstehung wieder erschien? Wo ist dann der Beweis, dass sie während dieser drei Tage fasteten? Als er ihnen im Obergemach erschien und fragte, ob sie etwas zu essen hätten, konnten sie ihm ein Stück gebratenen Fisch anbieten (s. Lukas 24,41-42).

Im Grunde haben wir keine andere Wahl, als die Zeit seiner Abwesenheit auf das gegenwärtige Zeitalter zu beziehen, also den Zeitraum zwischen seiner Rückkehr zum Vater und seiner Wiederkunft vom Himmel. So haben ihn offensichtlich auch seine Apostel verstanden, denn erst seit seiner Himmelfahrt zum Vater wird berichtet, dass sie fasteten (s. Apostelgeschichte 13,2-3).

Bevor der Bräutigam sie verließ, versprach er wiederzukommen, um sie zu sich zu holen. Die Gemeinde Jesu erwartet immer noch den Ruf um Mitternacht: *„Siehe, der Bräutigam kommt! Geht aus, ihm entgegen!“* (Matthäus 25,6). Es ist dieses Zeitalter der Kirchengeschichte, das der Zeit des abwesenden Bräutigams entspricht. Genau

---

[7] Matthäus 5,4.

auf diese Zeitperiode bezog sich unser Meister, als er sagte: ***„Dann*** *werden sie fasten."* Diese Zeit ist *jetzt*!

Diese Worte Jesu waren prophetisch. Die ersten Christen und auch viele heilige Männer und Frauen in nachfolgenden Generationen haben danach gehandelt. Wo sind die Menschen, die diese Prophetie heute erfüllen? Wie wenige sind es doch und wie dünn sind sie gesät und bilden zum großen Nachteil für die Gemeinde Jesu eher die Ausnahme als die Regel.

Doch eine neue Generation ist im Kommen. Die Herzen vieler sehnen sich nach der Wiedererlangung apostolischer Vollmacht. Aber wie soll dies geschehen, wenn wir die apostolische Glaubenspraxis außer Acht lassen? Wie können wir erwarten, dass seine Kraft fließt, ohne die Kanäle dafür vorbereitet zu haben? Fasten ist ein von Gott bestimmtes Mittel, durch das seine Gnade und Kraft fließen. Wir können es uns nicht länger erlauben, dieses Mittel zu vernachlässigen.

Fasten in unserer Zeit drückt nicht nur Trauer über die Abwesenheit Christi aus, sondern dient auch zur Vorbereitung auf seine Wiederkunft. Mögen jene prophetischen Worte „Dann werden sie fasten" in dieser Generation endlich erfüllt werden. Es wird eine fastende und betende Gemeinde sein, die den erwartungsvoll ergreifenden Ruf hören wird: *„Sieh, der Bräutigam kommt!"* Dann werden alle Tränen abgewischt werden und dem *Fasten* wird das *Feiern* des Hochzeitsmahls des Lammes folgen.

Der Geist und die Braut sprechen: Komm!
Ja, ich komme bald.
Amen. Komm, Herr Jesus!
(Offenbarung 22,17.20).

Kapitel 7

Regelmäßiges und öffentliches Fasten

Du aber geh hin und lies die Schriftrolle ... am Fasttage (Jer 36,6).

Sagt ein heiliges Fasten an, ruft die Gemeinde zusammen! (Joel 2,15).

Wir haben bereits festgestellt, dass man normalerweise nur gelegentlich fastet, wenn eine bestimmte Notwendigkeit besteht, und dass es eine persönliche Angelegenheit zwischen dem Einzelnen und Gott ist. Offensichtliche Ausnahmen hiervon stellen das *regelmäßige* sowie das *öffentliche* Fasten dar, für welche die Schrift eine Reihe von Beispielen liefert. Zwischen diesen beiden Arten gibt es eine Verbindung dergestalt, dass fast jedes regelmäßige Fasten in der Bibel auch öffentlich war, jedoch nicht jedes öffentliche Fasten unbedingt auch regelmäßig stattfand.

Der Versöhnungstag, zum Beispiel, an dem jeder Israelit dem Wort Gottes gemäß Verzicht üben sollte (s. 3. Mose 23,27; Psalm 35,13 und Jesaja 58,5), war das einzige regelmäßige, vom mosaischen Gesetz vorgeschriebene Fasten. In Apostelgeschichte 27,9 lesen wir, dass dieses Fasten von den Juden auch noch in der neutestamentlichen Zeit gehalten wurde. Außer einem „Fasttag" in Jeremias Tagen (s. Jeremia 36,6), gab es laut Sacharja 8,19 vier regelmäßige Fasten zur Erinnerung an die vier Hauptereignisse im Zusammenhang mit der Zerstörung Jerusalems.[8]

Bis zur Zeit Jesu hatten die Pharisäer allerdings diese Praxis des regelmäßigen Fastens weiter ausgebaut und daraus, wie aus jeder an-

[8] Beginn der Belagerung im zehnten Monat (2. Könige 25,1); Fall der Stadt im vierten Monat (Jer 39,2); Zerstörung der Stadt und des Tempels im fünften Monat (2. Könige 25,8–9); Ermordung von Gedalja im siebten Monat (2. Könige 25,25).

deren geistlichen Sache, mit der sie sich befassten, einen gesetzlichen Zwang gemacht. Christus stellt uns den typischen Pharisäer seiner Zeit als einen Mann vor Augen, der in seinem Gebet prahlt: *„Ich faste zweimal in der Woche"* (s. Lukas 18,12). Im zweiten und dritten Jahrhundert nach Christus wurden der Mittwoch und der Freitag jeder Woche zu Fastentagen bestimmt und John Wesley nahm diesen Brauch bei den ersten Methodisten sogar wieder auf.

Es besteht immer die Gefahr, dass eine solche geistliche Disziplin, die gewohnheitsmäßig ausgeübt wird, zu einer leeren Formsache erstarrt, zu einem Ritual ohne geistlichen Inhalt. Aber nur wegen einer solchen Gefahr können wir die Praxis des regelmäßigen Fastens nicht einfach ablehnen. Wir lehnen ja auch regelmäßige Gebetszeiten oder den Brauch, regelmäßig etwas für Gott finanziell zu spenden, nicht ab, nur weil die Pharisäer diese Dinge ebenfalls missbrauchten. Regelmäßiges Fasten muss genauso wenig zu einem bloßen Ritual werden wie das regelmäßige Beten.

Es muss betont werden, dass Fasten – ob regelmäßig oder gelegentlich – eine persönliche Sache zwischen dem Einzelnen und Gott ist. Die Geschichte lehrt uns, jeglichem Bestreben zu widerstehen, das aus dem regelmäßigen Fasten des Einzelnen einen Brauch in der Gemeinde machen möchte. Nur ein kleiner Schritt – und schon wird aus dem Brauch eine kirchliche Regel, welcher die getreuen Gläubigen sich zu beugen haben. Damit wäre ein weiteres Joch auf die Schultern der Jünger gelegt, das weder die Kirchenväter noch ihre Nachfolger tragen konnten. Mehr zu dieser Thematik wollen wir in Kapitel 17, wo es um das Asketentum geht, zur Sprache bringen.

Auf dem regelmäßigen Fasten liegt in der Tat ein großer Segen, wenn wir darauf achten und dafür sorgen, dass diese Gewohnheit nicht zu einer leeren Form ohne Geist und Leben erstarrt, und wenn wir nicht versuchen, sie anderen vorzuschreiben. Ein solches Fasten gibt uns nicht nur regelmäßig Gelegenheit zur geistlichen Prüfung und Neuorientierung, sondern beschenkt uns auch mit einem immer kostbarer werdenden Gut: „Zeit". Ein regelmäßiger Fastentag pro Woche kann aus unserem meist vollen Arbeitsprogramm etwa zwei Stunden Zeit herauslösen, die wir sonst für drei Mahlzeiten brauchen würden. Die so gewonnene Zeit könnte dann speziell in die Arbeit im Reich Gottes, vor allem in den wichtigen Dienst des Gebetes, investiert werden. Hier haben wir ein wöchentliches Stärkungsmittel für Seele und Leib, das auch noch anderen zum Segen werden kann.

Einer der vielen, die sich diesen Luxus gestatteten, war Robert Chapman von Barnstaple, der Gründer der Offenen Brüder (1803–1902). Er fastete jeden Samstag. An diesem Tag empfing er keinen Besuch, sondern schloss sich in seiner Werkstatt ein, um mit Gott und seiner Drehbank allein zu sein. Diese Zeit diente der Erholung, der Gemeinschaft mit Gott und der Vorbereitung seiner Seele für den kommenden Tag des Herrn. Einer, der einmal an einem Samstag notgedrungen die Werkstatt aufsuchen musste, berichtete: „Sein Gesicht leuchtete wie das eines Engels.“[9]

Wer kann sagen, in welchem Ausmaß diese Gewohnheit zur geistlichen Größe Robert Chapmans und zur Innigkeit seines Wandels mit Gott beigetragen hat? Viele würden gerne an die Heiligkeit seines Herzens und Lebens heranreichen, allerdings ohne den Weg zu gehen, den er gegangen ist. „Warum sind wir noch nicht weiter in der Heiligung?“, fragte John Wesley, der regelmäßig fastete, seine Prediger. Er selbst gab ihnen die Antwort: „Weil wir in erster Linie Enthusiasten sind, die das Ziel vor Augen haben, ohne die erforderlichen Wege dazu gehen zu wollen.“

Die regelmäßigen Fastenzeiten im Alten Testament waren öffentlich und wurden vom ganzen Volk eingehalten. Doch gab es auch das öffentliche Fasten, das nicht regelmäßig, sondern aus einer besonderen Not heraus ausgerufen wurde. König Joschafat rief das Volk zum Fasten auf, als Juda vor einer drohenden Invasion stand (s. 2. Chronik 20,1-4). Esra rief ebenfalls die aus der Verbannung zurückkehrenden Leute zum Fasten auf, bevor sie ihre gefährliche Reise nach Jerusalem mit den kostbaren Geräten für den Tempel antraten (s. Esra 8,21-23). Das ungewöhnlichste öffentliche Fasten war wohl das der Stadt Ninive, welches auf Grund der Predigt des Jona abgehalten wurde. Wir werden das in einem späteren Kapitel behandeln.

Diese und andere Beispiele zeigen, dass öffentliches Fasten in Zeiten nationaler oder geistlicher Krisen ausgerufen wurde, ähnlich wie im Zweiten Weltkrieg, als der König die Briten zu einem Gebetstag aufrief. Zweihundert Jahre zuvor war dasselbe Volk angesichts der drohenden Invasion durch die Franzosen zu einem „Tag heiligen

[9] Frank Holmes, Brother Indeed. Victory Press.

Fastens und Betens“ aufgerufen worden. Am Freitag, den 6. Februar 1756, schrieb Wesley in sein Tagebuch: „Der Fasttag war ein herrlicher Tag, so herrlich, wie London kaum einen seit der Zeit der Restauration[10] erlebt hat. Jede Kirche der Stadt war überfüllt und es lag ein feierlicher Ernst auf allen Gesichtern. Gott erhört gewiss das Gebet, und unsere Zeit der Ruhe wird verlängert werden.“

In einer Fußnote dazu heißt es: „Die Demut verwandelte sich in nationalen Jubel, denn die drohende Invasion durch die Franzosen wurde abgewendet.“

Überall in der Bibel, wo einer nationalen Notlage mit einem Aufruf des ganzen Volkes zum Fasten begegnet wird, erfahren wir ausnahmslos, dass Gott mit Befreiung geantwortet hat. Zweifellos stehen uns noch schwere nationale und internationale Krisen bevor, und wir würden gut daran tun, uns dieser alten biblischen Disziplin des öffentlichen Fastens zu erinnern. Selbst wenn lediglich die Gläubigen eines Volkes dazu entschlossen wären, diesem Aufruf zu folgen, würden sie die Erfüllung der Verheißung Gottes erleben: *„Ich will vom Himmel her hören und ihre Sünde vergeben und ihr Land heilen“* (2. Chronik 7,14).

Wenn eine Gemeinde von Uneinigkeit und Spaltung bedroht ist, wenn geistliches Leben ab- und Weltlichkeit zunimmt, wenn wenige sich bekehren und viele rückfällig werden, wäre dies nicht die Zeit, in der die Leiter ihre Gemeinde zu Gebet und Fasten aufrufen sollten?

Bevor wir dieses Kapitel beenden, soll noch darauf hingewiesen werden, dass das Fasten in der Bibel auch unfreiwilligen Verzicht auf Nahrung beinhalten kann. Es gibt zwei Arten unfreiwilligen Fastens. Zum einen kann das Verlangen nach Speise durch Angst, Trauer oder geistiger Erschöpfung in den Hintergrund gedrängt werden (s. Daniel 6,19), zum anderen gibt es Zeiten, in denen einfach keine Nahrung vorhanden ist (s. Matthäus 15,32).

Paulus kannte die letztere Variante anscheinend sehr gut. Einige Kommentatoren verstehen das „Fasten“ in 2. Korinther 6,5 und 11,27 als diese Art des Fastens in einer besonderen Notlage. Paulus hatte

---

[10] Als Stuart-Restauration (englisch Restoration) wird in der englischen Geschichte die Epoche zwischen 1660 und 1689 bezeichnet, als unter den Königen Karl II. und Jakob II. aus dem Haus Stuart die während des Englischen Bürgerkriegs abgeschaffte Monarchie wiederhergestellt wurde (Wikipedia 29.02.2024).

aber offensichtlich keine Schwierigkeit, solche Erfahrungen des Mangels mit der Verheißung in Einklang zu bringen *„Mein Gott aber wird ausfüllen all euren Mangel"* (Philipper 4,19). Er wusste, dass zeitweiser Mangel an Nahrung sowie fehlende Mittel, sich diese zu verschaffen, eine notwendige Prüfung des Glaubens darstellten, die Gott zu seinem Segen zuließ. Im engeren Zusammenhang mit dieser wunderbaren Verheißung stellt er fest: *„Ich habe gelernt, mich mit dem zu begnügen, was ich vorfinde. Ich kann arm sein, ich kann reich sein: mir ist alles und jedes vertraut; satt sein und hungern, Überfluss haben und Mangel leiden"* (Philipper 4,11-12).

Selbst wenn Gott uns dazu aufruft, eine Zeit lang aufgrund einer gewissen Not zu fasten, ohne dass es unsere eigene Initiative ist, wollen wir uns doch nicht ängstigen. Er wird zu seiner Zeit unsere Gefangenschaft sicher wenden und unser Ende mehr segnen als den Anfang.

Kapitel 8

Fasten für Gott

Als ihr fastetet... habt ihr da für mich gefastet? (Sacharja 7,5).

Sie hielten Gottesdienst und fasteten (Apostelgeschichte 13,2).

„Heutzutage fasten? Was will man damit überhaupt erreichen?" Dies ist die skeptische Frage vieler Christen. Wenn sie damit meinen: „Was hat denn der Einzelne davon?", so kann es darauf eine ganze Reihe von Antworten geben, wie sie auch in diesem Buch gegeben werden. Doch im Vorfeld dieser Fragestellung muss noch *eine* weit wichtigere Frage geklärt werden.

Unser Denken wird überwiegend durch ein egozentrisches Leitprinzip dominiert, welches lautet: „Was bringt es MIR?" Selbst bei unseren geistlichen Wünschen und Bestrebungen kann das Ego noch auf seinem Thron sitzen. Wenn das Leben seinen Mittelpunkt in Gott haben soll, muss zuvor das Kreuz in uns sein Werk tun. Nur so können unsere geistlichen Beweggründe radikal verändert und auf Christus statt auf uns selbst ausgerichtet werden. *„Er ist darum für alle gestorben, damit die Lebenden hinfort nicht für sich selbst leben, sondern für den, der für sie gestorben und auferstanden ist"* (2. Korinther 5,15).

Selbst in Kreisen, in denen das Fasten als normale geistliche Übung akzeptiert ist, wird sehr oft vor allem der persönliche Nutzen des Fastens hervorgehoben. Man fastet, um mit Kraft ausgerüstet zu werden, um Geistesgaben zu erhalten, um körperlich gesund zu werden oder um bestimmte Gebetserhörungen zu erfahren, und vergisst dabei den anderen Aspekt, nämlich das Motiv. Damit soll nicht gesagt werden, dass es falsch wäre, nach diesen Dingen zu streben, aber zunächst müssen unsere grundlegenden Motive stimmen. Es ist von außerordentlicher

Bedeutung, dass Jesus sich im NT in seiner ersten Aussage über das Fasten mit der Frage des Motivs befasst (s. Matthäus 6,16-18). Kein anderer Aspekt bei diesem Thema ist wichtiger als dieser.

Gott interessiert sich nicht nur dafür, was wir tun, sondern warum wir es tun. Die *eine* äußerlich rechte Tat kann in Gottes Augen ihres Wertes vollständig beraubt sein, wenn ihr ein verkehrtes Motiv zugrunde liegt. Diese Gefahr ist im Zusammenhang mit äußerlichen religiösen Übungen immer vorhanden. *„Warum fasten wir, und du siehst es nicht an?“*, fragten die frommen Zeitgenossen Jesajas erstaunt. Die Antwort vom Himmel kam prompt: *„Siehe, an dem Tag, da ihr fastet, geht ihr doch euren Geschäften nach“* (Jesaja 58,3). Hinter ihrem Fasten, das sie mit großer frommer Schau abzogen, verbargen sich Eigennutz und Selbstsucht. Kein Wunder, dass Gott empört fragt: *„Soll das ein Fasten sein, an dem ich Gefallen habe?“* (Vers 5).

Derselbe Egoismus, unter dem Mantel der Frömmigkeit verborgen, war auch beim Fasten der Pharisäer zu erkennen. Gegen diese schändliche Heuchelei wandte sich Jesus in der Bergpredigt und ließ seine Nachfolger dabei unmissverständlich wissen, dass sie sich bei ihrem Fasten nicht an diesen Heuchlern orientieren sollten. Die Pharisäer stellten ihre Frömmigkeit zur Schau, um den Beifall der Menschen zu bekommen, indem sie dafür sorgten, dass die Leute wussten, dass sie fasteten. Damit dienten sie jedoch nicht Gott, sondern pflegten ihren eigenen Stolz. Als Jesus später den Pharisäer beschrieb, der im Tempel betete und sagte: *„Ich danke dir, Gott, dass ich nicht bin wie die anderen Leute ... Ich faste zweimal in der Woche ...“*, vermerkte er ausdrücklich, dass er *„bei sich selbst betete“* (s. Lukas 18,11).

Unser Fasten müssen wir für Gott tun, ja, vor den Augen des Vaters, der in das Verborgene sieht. Auch wenn wir versuchen, die schamlose Selbstgefälligkeit der Pharisäer und den Wunsch nach dem Beifall der Menschen zu vermeiden, können wir dennoch aus selbstsüchtigen Motiven handeln, unsere persönlichen Ziele verfolgen, ohne dass unsere grundlegende Motivation die Ehre Gottes ist.

In Jesaja 58, der klassischen Schriftstelle über das Fasten, erinnert Gott sein Volk daran, dass er nur an einem Fasten, das *er* bestimmt hat, Gefallen hat. Wie das Gebet, muss auch das Fasten von Gott ausgehen und sein Siegel tragen, um wirksam zu sein. Siegreiches Gebet beginnt bei Gott; er legt uns durch den Geist eine Last auf, und wir antworten dann auf diese Last. Gebet, das seinen Ursprung in Gott hat, kehrt auch immer wieder zu Gott zurück. Ebenso ist es mit dem Fasten. Wenn es Gott ist, der unser Fasten bestimmt, wird er uns nicht fragen müssen, wie er sein Volk damals fragte: *„Als ihr fastetet ... habt ihr da für mich gefastet?"* (Sacharja 7,5).

All das entbindet uns natürlich nicht von unserer Verantwortung. Unsere Aufgabe ist es, den Sinn und die Notwendigkeit des Fastens zu erkennen und den Willen zu der damit verbundenen Selbstdisziplin sowie eine innige Bereitschaft des Herzens vor Gott aufzubringen, aber letztendlich liegt die Initiative bei Gott. Wann wir fasten, wie lange wir fasten, die Art des Fastens und die geistlichen Ziele, die wir verfolgen, dies alles bestimmt Gott; und der gehorsame Jünger geht freudig darauf ein.

Dasselbe Prinzip gilt auch für das *regelmäßige Fasten*, zum Beispiel einen Tag pro Woche. Wir müssen gewiss sein, dass Gott das von uns will. Und selbst dann kann es Zeiten geben, in denen das Fasten nicht angebracht ist oder Gott uns leitet, es nicht abzuhalten oder es gar gänzlich einzustellen. Wir sollen an keine Regeln gefesselt sein, auch nicht an geistliche Regeln. *„Regiert euch aber der Geist, so steht ihr nicht unter dem Gesetz"* (Galater 5,18).

Als Joel ausrief: *„Heiliget ein Fasten"*[11], meinte er damit: „Weiht es Gott." Das ist die Grundvoraussetzung dafür, dass unser Fasten Gott wohlgefällig ist. Dann werden wir uns nicht weiter auf unseren persönlichen Gewinn fokussieren, sondern von Staunen, Liebe und Lob durchdrungen werden, während wir für Gott fasten. Wie die Prophetin Hanna werden wir *„Gott dienen mit Fasten und Beten"* (s. Lukas 2,37) oder wie die Leiter der Gemeinde in Antiochien *„Gottesdienst halten und fasten"* (Apostelgeschichte 13,2). Das ist sicherlich die höchste Sichtweise vom Fasten: den Herrn anzubeten und ihm zu dienen, indem wir uns selber an Gott hingeben und erst in zweiter Linie damit gewisse geistliche Ziele verfolgen.

Am besten drückt es John Wesley in seiner berühmten Predigt über das Fasten aus:

> Vor allem soll es für den Herrn geschehen. Lasst uns einzig und allein auf ihn schauen. Wir wollen danach trachten, allein unseren Vater im Himmel zu verherrlichen; unseren Schmerz und unsere

[11] Joel 2,15.

> Trauer über unsere vielfachen Übertretungen seines heiligen Gesetzes zu beklagen; auf das vermehrte Zunehmen seiner reinigenden Gnade zu harren, die unser Verlangen nach himmlischen Dingen weckt; uns mit Ernsthaftigkeit zu wappnen und die großen und kostbaren Verheißungen zu erhalten, die er uns in Jesus Christus gegeben hat … Hüten wir uns davor, uns einzubilden, dass wir durch unser Fasten etwas bei Gott verdienen könnten. Davor können wir nicht oft genug gewarnt sein, da der Wunsch, unsere Gerechtigkeit selbst aufzurichten und unsere Erlösung durch Forderungen statt durch Gnade zu erlangen, so tief in unseren Herzen verwurzelt ist. Das Fasten ist lediglich ein von Gott bestimmter Weg, auf dem wir auf seine unverdiente Barmherzigkeit warten, und auf dem er uns ohne unser Zutun versprochen hat, uns seinen Segen zu geben.[12]

Ein Gott wohlgefälliges Fasten ist also ein Fasten, das von Gott selber kommt und ihm allein geweiht ist, um ihm zu dienen, ihn zu ehren und zu verherrlichen; das dazu bestimmt ist, seinen souveränen Willen zu erfüllen. Dann erst werden wir erfahren – sozusagen wie eine nachträgliche, eingeschobene Fußnote des Himmels – dass das Fasten für Gott zu uns als Segen auf unsere Häupter zurückkehrt und dass es dem Gott, der ins Verborgene sieht, gefällt, uns öffentlich unseren Lohn zu geben. Auf diese Weise werden wir davor bewahrt, dass uns die Segensgaben jemals mehr bedeuten als deren Geber. *„Denn von ihm und durch ihn und zu ihm sind alle Dinge. Ihm sei Ehre in Ewigkeit! Amen“* (Römer 11,36).

---

[12] John Wesley, Sermon 27 (Diskurs 7 über die Bergpredigt, Mt 6,16-18).

Kapitel 9

Hilfe zur persönlichen Heiligung

Ich weine bitterlich und faste (Psalm 69,11).

Selig sind, die Leid tragen (Matthäus 5,4).

Wir wissen nun, was mit Fasten gemeint ist. Wir haben festgestellt, dass es eine biblische Praxis und heute noch aktuell ist. Wir haben die verschiedenen Arten des Fastens betrachtet und erkannt, wie wichtig unsere Motivation ist: dass wir für Gott fasten. Nun wollen wir anhand der Bibel untersuchen, welche Ziele das Fasten verfolgt. Die erste Antwort auf die Frage „Was habe ich davon?“ ist die: Das Fasten ist eine wertvolle Hilfe für die persönliche Heiligung.

Wenn Demut die Grundvoraussetzung für wahre Heiligkeit und der Nährboden ist, auf dem die Gnadengaben gedeihen, ist es da nicht unumgänglich, dass wir, wie David, unsere Seele von Zeit zu Zeit mit Fasten demütigen? Hinter vielen unserer Gewohnheitssünden und unserem persönlichen Versagen, wie auch hinter vielen Problemen, die unsere Gemeinden befallen und den christlichen Dienst behindern – dem Widerstreit der Persönlichkeiten und Temperamente, dem Zank und der Spaltung –, steht dieser heimtückische Stolz des menschlichen Herzens.

Wie kann das Fasten uns hier helfen? Im negativen Sinn sind Stolz und ein übervoller Magen alte Freunde. Worin bestand die Sünde Sodoms? Nicht in erster Linie das Übermaß an Unmoral und Unzucht, wie Sodomie und andere Perversitäten, sondern die Bibel sagt: *„Siehe, das war die Schuld deiner Schwester Sodom: Stolz und alles in Fülle und sorglose Ruhe“* (Hesekiel 16,49).

Wenn wir die westlichen Länder betrachten, in denen die Sünde Sodoms überhandnimmt, können wir dieselben Ursachen dafür erkennen. Die Geschichte kann nicht anders, als sich zu wiederholen. Unter den gleichen Bedingungen kommt es unweigerlich zu den gleichen Missständen.

Gott sah voraus, dass Stolz und übermäßiges Essen einer der Fallgruben für Israel sein würden, wenn sie in das verheißene Land hineinkämen. Mose erinnerte das Volk daran: *„Gedenke des ganzen Weges, den dich der Herr, dein Gott, geleitet hat diese vierzig Jahre in der Wüste. Er demütigte dich und ließ dich hungern"* (5. Mose 8,2.3).

Die Tage der Züchtigung waren inzwischen vorbei, aber das Land des Überflusses, das sie besitzen sollten, hielt neue Versuchungen bereit. Deshalb warnte sie Mose weiterhin: *„Wenn du nun gegessen hast und satt bist ... dann hüte dich, dass dein Herz sich nicht überhebt"* (Verse 12-14). Hosea berichtet uns, dass genau dies eingetreten ist, trotz der Warnung (s. Hosea 13,6).

Fasten ist somit ein göttliches Korrektiv für den Stolz des menschlichen Herzens. Es ist eine Disziplinierung des Körpers, um die Seele zu demütigen. *„Und ich ließ dort am Fluss des Ahewa ein Fasten ausrufen, damit wir uns vor unserm Gott demütigen"*, berichtet Esra (8,21; vgl. Jesaja 58,3).

Für die gläubigen Israeliten bedeutete das Fasten nicht nur Demütigung, sondern auch Trauer. Tatsächlich wurde es in alttestamentarischen Zeiten als Zeichen der Trauer um die Verstorbenen praktiziert, beinahe ein fester Bestandteil der Begräbniszeremonien (s. 1. Samuel 31,13 u. a.). Es steht in Verbindung mit dem Zerreißen der Kleider und dem Gehen in Sack und Asche (s. Esra 9,5 u. a.). In Matthäus 9,15 gebraucht der Herr „trauern" und „fasten" als austauschbare Begriffe.

Es gibt eine natürliche Abfolge, wenn wir von der Selbstdemütigung zur Trauer der Buße und zur Reue übergehen. Israel fastete in bußfertiger Gesinnung in den Tagen Samuels und in gleicher Weise zur Zeit Nehemias (s. 1. Samuel 7,6; Nehemia 9,1.2). Trauer über persönliche Sünden und Verfehlungen ist ein unerlässlicher Schritt auf unserem Weg zur Heiligung und wird durch das Fasten unterstützt und gefördert.

Gott möchte uns aber auch über diesen Punkt hinaus weiterführen. Dann werden wir nicht nur über unsere persönlichen Sünden trauern, sondern vom Heiligen Geist bewegt auch über die Sünden der

Gemeinde, des Volkes und der ganzen Welt. Gott sehnt sich nach Menschen, die seine Gefühle angesichts der geistlichen Situation, wie sie allerorts besteht, teilen.

Hesekiel schaute in einer Vision das Gericht Gottes über Jerusalem wegen ihrer Gräueltaten. Bevor es den himmlischen Scharfrichtern erlaubt war, die Bewohner der Stadt umzubringen, ging einer vor ihnen her, um denjenigen Menschen ein Zeichen auf die Stirn zu machen, *„die da seufzen und jammern über alle Gräuel, die darin geschehen."* Den Scharfrichtern wurde daraufhin befohlen, erbarmungslos alle umzubringen, außer denen, die das Zeichen trugen, und sie sollten an Gottes Heiligtum beginnen (s. Hesekiel 9,4-6).

Der Himmel kennzeichnet die Menschen, die mit Gott angesichts der Sünden fühlen, die sein Herz brechen und derentwegen er sein Angesicht von uns abwendet. Noch immer werden dieselben Gräuel im Heiligtum und in der Stadt verübt. Wenn Gott heute diejenigen mit einem Zeichen markieren würde, die darüber stöhnen und seufzen, um dann seine Henker auszusenden, alle nicht Gezeichneten zu vernichten, würden wir dann davonkommen?

Wird durch eine solche Trauer überhaupt etwas erreicht? Sie kann sich in der Tat genauso heilsam im Umfeld einer Gemeinschaft wie auf den Einzelnen auswirken. In Hesekiels Gesicht hatte die Sünde des Volkes allerdings den Punkt erreicht, der eine Umkehr unmöglich machte und das Gericht war unvermeidlich. Doch muss dies nicht immer der Fall sein. Es besteht immer die Hoffnung, dass geistliche Kräfte frei werden, die Buße und Heilung bewirken.

Die Augen des Herrn suchen auch heute noch in der Welt nach Esras, die die Sünden eines treulosen Überrestes bekennen und darüber weinen und sich vor dem Herrn niederwerfen; oder nach Nehemias, die weinen und trauern, fasten und beten wegen der niedergerissenen Mauern und der vom Feuer zerstörten Tore. Wenn Wiederherstellung und Erneuerung aus der Gegenwart des Herrn hervorgehen sollen – und worauf sollen wir ohne diese hoffen? –, dann wird Gott Männer und Frauen wie diese gebrauchen, um das Blatt zu wenden.

In das Fasten als Hilfe zur Heiligung müssen wir noch die positive Seite einer *Weihe für Gott* miteinbeziehen. Das beste Beispiel dafür ist vielleicht das vierzigtägige Fasten unseres Herrn vor seinem öffentlichen Wirken. Seine Taufe im Jordan spiegelte in Erwartung des Kreuzes seine Hingabe bis zum Tod wider. Obwohl er dabei den Heiligen

Geist in unermesslicher Fülle empfangen hatte, wurde die Kraft des Geistes nicht wirksam, bis er aus der Prüfung in der Wildnis zurückkehrte. Durch sein sechswöchiges Fasten bestätigte er seine Entschlossenheit, in allem den Willen seines Vaters zu tun – auch bis zum Ende. Diese Zeit war seine endgültige Vorbereitung und Weihe für seinen himmlischen Auftrag. Als er nach Galiläa in der Kraft des Heiligen Geistes zurückkehrte, wurden die Werke Gottes durch ihn offenbar.

Ähnliches geschieht bei der Aussonderung des Barnabas und Paulus zu ihrem apostolischen Dienst. *„Da fasteten sie und beteten, legten ihnen die Hände auf und ließen sie ziehen"* (Apostelgeschichte 13,3). Nicht ein Kaffeestündchen kennzeichnete die erste Aussendungsfeier von Missionaren, sondern ein Fasten zu ihrer Weihe. Später sehen wir, wie diese Männer, ebenfalls unter Gebet und Fasten, Älteste in jeder Gemeinde ernennen (s. Apostelgeschichte 14,23). Die lokalen Leiter wurden so für ihren heiligen Dienst geweiht. Wo gibt es heute Gemeinden, deren Leiter während einer Zeit ernsten Betens und Fastens ausgesondert werden? Vielleicht ist dies ein Grund dafür, dass der Dienst in der Gemeinde oft leichtgenommen, lässig getan und allzu schnell wieder hingeworfen wird, wenn Schwierigkeiten oder Meinungsverschiedenheiten auftauchen. Kein Wunder, dass wir keine starke geistliche Leitung haben und die Schafe die Neigung haben auseinanderzulaufen.

Wenn du durch eine persönliche Niederlage auf dem Tiefpunkt angekommen bist, wenn deine Seele sich nach tieferer Reinigung und erneuter Hingabe sehnt, wenn du durch eine neue Aufgabe herausgefordert wirst, der du dich nicht gewachsen fühlst, dann ist es Zeit, Gott zu fragen, ob du dich durch Fasten für ihn nicht absondern solltest.

Kapitel 10

Erwirkt Gebetserhörungen

So fasteten wir und erbaten solches von unserm Gott; und er erhörte uns (Esra 8,23).

Zur Zeit Jesajas hatten fromme Heuchelei und Gesetzlichkeit den Brauch des Fastens bei Gott in Verruf gebracht. Wir haben dabei nicht vergessen, dass dies in gleicher Weise ihre Opfergaben, ihre Gebete und ihren Gottesdienst betraf (s. Jesaja 1,10-15). In Jesaja 58, dem bemerkenswerten Kapitel über das Fasten, deckte Gott nicht nur die Selbstsucht und Selbstzufriedenheit auf, die sich hinter diesem frommen Getue verbargen, sondern er erläuterte auch, wie ein Fasten, an dem er Gefallen hat, aussehen sollte und welcher Segen sich sowohl für andere als auch für den Fastenden daraus ergeben könnte.

Hier ist das Fasten damit verknüpft, Gott zu suchen, sich Gott zu nahen und mit Gott zu herrschen. Jesajas Zeitgenossen erreichten diese Ziele aber nicht, weil sie aus falschen Motiven fasteten. Gott musste ihnen vorhalten: *„Ihr sollt nicht so fasten, wie ihr jetzt tut, wenn eure Stimme in der Höhe gehört werden soll"* (Jesaja 58,4). Doch genau das soll das Fasten bewirken, denn Gott beschreibt das von ihm gewünschte Fasten und sagt weiter: *„Dann wirst du rufen, und der Herr wird dir antworten"* (Jesaja 58,9).

Fasten ist dazu bestimmt, das Gebet wie auf Adlers Flügeln emporsteigen zu lassen. Es soll den Bittsteller in das Audienzzimmer des Königs führen, der ihm das goldene Zepter entgegenstreckt. Man kann erwarten, dass es die Mächte der Finsternis zurückdrängt und deren Einfluss auf das Gebetsanliegen abschwächt. Es soll den Fürbitten eines Menschen Nachdruck und seinen Bitten Kraft verleihen. Der Himmel hat ein offenes Ohr, wenn jemand mit Fasten betet.

Wie oft haben wir Gott ernsthaft um etwas gebeten und waren gewiss, dass es Gottes Wille war, und doch ist die Antwort vom Himmel ausgeblieben? Warum? Es könnte gut sein und ist oft so, dass Gott uns sagt: *„Wenn ihr mich* ***von ganzem Herzen*** *suchen werdet, so will ich mich von euch finden lassen"* (Jeremia 29,13.14). Jemand, der bereit ist, das berechtigte Verlangen seines Körpers zurückzustellen, um sich dem Dienst des Gebets zu widmen, zeigt damit, dass es ihm ernst ist, dass er Gott von ganzem Herzen sucht und ihn nicht gehen lassen wird, ehe er antwortet.

Diese Auffassung des Fastens als Ausdruck vollkommener Hingabe kommt in Joels Aufruf an das Volk zum Ausdruck:

> *Doch auch jetzt noch, spricht der Herr, bekehret euch zu mir von ganzem Herzen mit Fasten ...* (Joel 2,12).

Mit den Worten Andrew Murrays:

> Fasten hilft, die Entschlossenheit zum Ausdruck zu bringen, zu vertiefen und zu bekräftigen, dass wir bereit sind, alles zu opfern, uns selbst zu opfern, um das zu erreichen, wonach wir uns um des Reiches Gottes Willen sehnen.

Damit eng verknüpft ist der Gedanke, dass Fasten einer Bitte Nachdruck verleiht und deren Dringlichkeit unterstreicht. Es gab einen alten irischen Brauch, „wider oder gegen eine Person fasten", was bedeutete, „ohne Essen oder Trinken an der Tür des Schuldners oder einer Person zu sitzen, die sich weigerte, eine berechtigte Forderung zu erfüllen."[13] Außerhalb des geistlichen Bereichs sehen wir dies in Fasten, die von Politikern, Gefangenen oder anderen durchgeführt wurden, um Druck auf die entsprechenden Instanzen auszuüben und die beabsichtigten Ziele zu erreichen.

Zweifellos ist das ein wichtiger Gesichtspunkt beim Beten, das mit Fasten gepaart ist. Natürlich dürfen wir nicht der Idee aufsitzen, Fasten als Hungerstreik zu betrachten, um Gott zu erpressen und unsere Forderungen durchzusetzen! Auch ist Gebet so viel mehr, als einfach einen liebenden Vater um das zu bitten, was sein Kind braucht. Gebet ist Kriegsführung! Gebet ist ein Ringkampf! Es gibt Mächte, die dagegen aufstehen. Es gibt geistliche Gegenströmungen. Wenn wir dem

[13] *The Shorter Oxford Dictionary.* Oxford University Press.

himmlischen Gericht unseren Fall vortragen, wenn wir dem Richter der ganzen Welt zurufen: *„Schaffe mir Recht vor meinem Widersacher!"* (Lukas 18,3), dann ist dieser Gegner ebenfalls im Gericht vertreten (s. Hiob 1,6; 2,1; Sacharja 3,1). Es genügt nicht, dass der Richter uns zugeneigt ist; zuerst muss die Gegenseite überwunden werden.

Dies ist ein tiefes Geheimnis. Die Schrift zeigt uns zwar die Wirklichkeit, erklärt sie aber nicht weiter. Hartnäckige Beharrlichkeit ist in der geistlichen Welt unbedingt notwendig. Man darf nicht nachlassen, bis der Durchbruch in der geistlichen Kriegsführung gelingt. In manchen Situationen können nur die „Gewalttätigen" das Reich unter Anwendung von Gewalt einnehmen (s. Matthäus 11,12). Und all das sagt nichts über die Bereitschaft des Allerhöchsten aus, die Wünsche derer zu erfüllen, die ihn fürchten. Fasten gibt allerdings dem Gebet eine nachdrückliche und dringliche Note und verleiht unserem Plädoyer in dem Gerichtssaal des Himmels seine Kraft.

Der Mensch, der betet, lässt den Himmel wissen, wie tiefernst es ihm ist. Er gibt damit zu verstehen, dass er weder aufgeben noch Gott loslassen wird, bis er gesegnet ist; dass er nicht bereit ist, ein „Nein!" als Antwort hinzunehmen. Auf diese Art und Weise drückt er seine Entschlossenheit obendrein noch in einer von Gott gutgeheißenen Form aus, denn er bedient sich eines Mittels, das von Gott dazu bestimmt ist, seiner Stimme droben Gehör zu verschaffen.

Fasten war manchmal der Höhepunkt von ernstem und beharrlichem Flehen. Wenn der Himmel trotz ernsthaften, anhaltenden Betens verschlossen blieb, wurden die Menschen in ihrer Verzweiflung manchmal zum Fasten als einzigem Ausweg getrieben. Die Benjaminiter hatten ein furchtbares Verbrechen verübt und Gott gebot den anderen Stämmen Israels, gegen sie zu Felde zu ziehen. Dies taten sie auch, wurden aber zweimal empfindlich geschlagen, obwohl sie vor dem Herrn gebetet und geweint hatten. Als sie das dritte Mal weinten und dazu noch fasteten, gab Gott ihnen einen überwältigenden Sieg (Richter 20). Welch große Macht bei Gott hat Gebet, das mit Fasten gepaart ist, um einen solchen Umschwung herbeizuführen.

Immer wieder fasteten die Israeliten in nationalen Notzeiten, und das scheinbar sichere Unheil wurde abgewendet. Gibt es heute etwa keine Situationen mehr, in der wir von Tod oder Gefahr bedroht werden, oder warum wenden wir dieses Gnadenmittel so selten an? Als Esra eine umfangreiche Sendung von Gold und Silber zum Tempel nach Jerusalem zu transportieren hatte, und zwar über Straßen, die von Banditen nur so wimmelten, berichtet er: *„Ich ließ ... ein Fasten ausrufen, damit wir uns vor unserm Gott demütigten, um von ihm eine Reise ohne Gefahren für uns und unsere Kinder und alle unsere Habe zu erbitten"* (Esra 8,21.23.31). Wie wunderbar hat Gott geantwortet! Stehen wir denn nie kritischen Situationen gegenüber, in denen wir nach Gottes Führung und Schutz rufen und es nötig haben, wie Esra zu handeln?

Daniel suchte Gott unter Fasten wegen der Erfüllung seiner Verheißung, Jerusalem wiederherzustellen (s. Jeremia 29,10-13), und erhielt durch den Engel Gabriel einen wunderbare Einblick in den Plan Gottes für Israel (s. Daniel 9). Wenn wir Gott vergeblich um die Erfüllung irgendeiner Verheißung gebeten haben, könnte es sein, dass er darauf wartet, dass wir ihn wie Daniel in Demut suchen.

Nach seiner Bekehrung auf der Straße nach Damaskus, noch von der Herrlichkeit jenes Lichtes geblendet, fastete Saulus von Tarsus drei Tage lang ohne Nahrung und ohne Wasser. Sein Herz wurde für den weiteren Segen vorbereitet, den Gott für ihn bereithielt. Dann wurde ein Jünger mit Namen Hananias zu ihm gesandt, um ihm die Hände aufzulegen, damit er wieder sehend und mit dem Heiligen Geist erfüllt würde (s. Apostelgeschichte 9,10-18). Haben wir uns vergeblich nach einer Heilung gesehnt, trotz der Gewissheit seiner Verheißung? Oder warten wir immer noch auf die Fülle des Geistes und fragen uns, warum unsere Gebete nicht erhört wurden? Wir meinen vielleicht, wir warten auf den Himmel, während in Wirklichkeit der Himmel auf uns wartet. Wenn der Himmel auf den Beter sieht, der fastet und von ihm sagen kann: *„Siehe, er betet"*, dann klopft die Antwort bald an unsere Tür.

Gott hat uns das Privileg eingeräumt, sowohl zu fasten als auch zu beten. Damit hat er unserer geistlichen Waffenrüstung eine mächtige Waffe hinzugefügt. Diese hat die Kirche in ihrer Torheit und Unwissenheit größtenteils als überholt abgetan, sie in eine dunkle Ecke geworfen, wo sie vor sich hinrostete und für Jahrhunderte in Vergessenheit geriet. Diese Stunde drohender Krisen für die Gemeinde und die Welt erfordert, dass sie wieder entdeckt und eingesetzt wird.

Kapitel 11

Um das Gericht Gottes abzuwenden

Da glaubten die Leute von Ninive an Gott und ließen ein Fasten ausrufen ... Als aber Gott ihr Tun sah ... reute ihn das Übel, das er ihnen angekündigt hatte (Jona 3,5.10).

Die Macht, Gott zu bewegen, trat in biblischen Zeiten nirgends besser zu Tage als dort, wo ein angekündigtes göttliches Gericht durch Gebet und Fasten abgewendet oder aufgeschoben wurde. „*Es sind noch vierzig Tage, so wird Ninive untergehen*", rief der hebräische Prophet. Der König von Ninive ließ ein absolutes Fasten für Mensch und Tier ausrufen, während die Leute mit Nachdruck zu Gott schrien und sich von ihren bösen Wegen bekehrten. „*Wer weiß*", so lautete die königliche Bekanntmachung, „*vielleicht lässt Gott es sich gereuen und wendet sich ab von seinem grimmigen Zorn, dass wir nicht verderben.*" Und sie wurden in dieser Hoffnung nicht enttäuscht, denn „*Gott reute das Übel, das er ihnen angekündigt hatte, und tat's nicht.*"

Ihre Buße, die durch Gebet und Fasten zum Ausdruck kam, bewegte Gott dazu, seinen angekündigten Schuldspruch zu ändern. Dieses Handeln Gottes konfrontiert uns mit einer schwierigen theologischen Frage. Gott hat sich uns als der Allwissende offenbart, als einer, der schon von Anfang an das Ende kennt. Sein Vorherwissen ist vollkommen und unfehlbar. Sein Wesen und sein Ratschluss sind unwandelbar. „*Ich, der Herr, wandle mich nicht*" (Maleachi 3,6). Die ganze Schrift bestätigt, dass dies die Eigenschaften des Allmächtigen sind, und unser gesunder Menschenverstand sagt uns, dass Gott ohne sie nicht Gott wäre.

Warum versichern dann aber so viele alttestamentliche Stellen, dass „*es den Herrn gereute*" oder dass er sich eines anderen besann? Als

Gott Jona ausschickte, wusste er ohne Zweifel, dass Ninive Buße tun und die Zerstörung der Stadt somit abgewendet würde. Als Gott Jona sandte, war es ja gerade seine Absicht diesem Volk Barmherzigkeit zu erweisen. Jonas Botschaft vom bevorstehenden Gericht war also an Bedingungen geknüpft, auch wenn das dem Propheten nicht klar gezeigt oder den Bewohnern von Ninive nicht so verkündet wurde.

Gott hat für seinen Umgang mit dem Menschen unabänderliche Ordnungen. Auf Sünde folgt Gericht, doch auf Umkehr folgt Barmherzigkeit. Über diesen Punkt hat Gott mit größter Eindeutigkeit gesprochen:

> *Bald rede ich über ein Volk und Königreich, dass ich es ausreißen, einreißen und zerstören will; wenn es sich aber bekehrt von seiner Bosheit, gegen die ich rede, so reut mich auch das Unheil, das ich ihm gedachte zu tun* (Jeremia 18,7.8).

Diese Reue Gottes entspringt also keineswegs einer zeitweiligen Laune, sondern sie steht ganz und gar mit seinen zuvor verkündeten Absichten in Einklang. Weil der Mensch die Sünde bereut, reut Gott das Gericht. Strenggenommen ist es nicht Gott, der sich hier ändert, sondern der Mensch. Die Herzensänderung des Menschen ermöglicht es Gott, sich ihm gegenüber anders zu verhalten, doch immer im Einklang mit seinem heiligen Wesen und seinen Prinzipien.

Warum sagt dann die Schrift, dass es Gott reute oder er seinen Vorsatz änderte? Dies ist einfach ein Beispiel für eine gängige Redewendung in den hebräischen Schriften, die die Person oder das Handeln Gottes aus menschlicher Sicht beschreibt. In gewisser Weise passt sich hier der Heilige Geist in der Wortwahl unserem begrenzten Verständnis an. Soweit es seine erklärten Absichten betrifft, mögen wir sagen, dass es Gott reute, denn diese waren mit bestimmten Voraussetzungen verknüpft. Was allerdings sein Wesen und seine Prinzipien angeht, gilt jedoch: *„Gott ist nicht ein Mensch ..., dass ihn etwas gereue"* (4. Mose 23,10).

Nachdem Ahab Nabot ermordet und sich seinen Weinberg angeeignet hatte, sandte Gott Elia zu ihm, um ihm das göttliche Gericht zu verkünden. *„Als Ahab dieses harte Urteil hörte, zerriss er entsetzt seinen Mantel. Er hüllte sich in ein Gewand aus grobem Stoff, fastete und ging bedrückt umher. Sein Bußgewand legte er nicht einmal zum Schlafen ab"* (1. Könige 21,27 HFA). Gott erklärte daraufhin: *„Weil* *er sich nun vor mir gedemütigt hat, will ich das Unheil nicht kommen lassen zu seinen Lebzeiten, aber zu seines Sohnes Lebzeiten"* (1. Könige 21,29). Das Gericht wurde aufgeschoben, weil selbst ein solcher Mann wie Ahab bereit war, seine Seele mit Fasten zu demütigen. Wie groß ist Gottes Barmherzigkeit! Wie groß ist die Macht des Fastens, dass sie Gottes Barmherzigkeit hervorruft!

Offensichtlich hatte dies auch David begriffen. Wegen Davids Verbrechen an Uria verfügte Gott, dass Davids Sohn, von Batseba geboren, sterben sollte. Als dann das Kind krank wurde, wusste David, dass, wenn überhaupt, nur Beten und Fasten den Urteilsspruch ändern konnten. *„Und David suchte Gott um des Knäbleins willen und fastete, und wenn er heimkam, lag er über Nacht auf der Erde"* Nach dem Tod des Kindes erklärte David:

> *Als das Kind noch lebte, fastete ich und weinte; denn ich dachte: Wer weiß, ob mir der Herr nicht gnädig wird und das Kind am Leben bleibt* (2. Samuel 12,16.22).

Unter den westlichen Völkern erleben wir eine steigende Flut der Gottlosigkeit und Gesetzlosigkeit, ähnlich der, die einst damit endete, dass eine ganze Zivilisation in der Flut umkam. Die Sünden, die Feuer und Schwefel vom Himmel auf Sodom und Gomorra herabriefen, werden immer gesellschaftsfähiger. Selbst diejenigen, die Prediger der Gerechtigkeit und Verfechter des Gesetzes Gottes sein sollten, verteidigen die „neue Moral". Man sieht bereits die Schrift an der Wand. Die Vorboten des kommenden Gerichts sind schon deutlich für diejenigen zu erkennen, die Ohren haben zu hören.

Doch selbst wenn der Himmel es schon beschlossen und in Gang gesetzt hat, gibt es noch eine mächtige Waffe, auf die wir zurückgreifen könnten.

> *Doch auch jetzt noch, spricht der Herr, bekehret euch zu mir von ganzem Herzen mit Fasten, mit Weinen, mit Klagen! Zerreißet eure Herzen und nicht eure Kleider!*

Und dann fügt der Prophet noch hinzu, als ob er dies erklären wollte:

> *Wer weiß, ob es ihn nicht wieder gereut und er einen Segen zurücklässt* (Joel 2,12-14).

Aus den prophetischen Schriften scheint klar hervorzugehen, dass das Gericht am Ende alle Völker treffen wird, die Christus abgelehnt haben. Auch Ninive wurde schließlich zerstört. Wenn aber Gott die findet, die selbst in dieser elften Stunde noch in den Riss treten und sich in Gebet und Fasten demütigen, dann kann uns selbst jetzt noch eine Verlängerung unserer Ruhe und des Friedens gewährt werden. Vielleicht ändert und bereut Gott seine Absicht und hinterlässt einen Segen, indem er uns Barmherzigkeit statt Zorn und Erweckung statt Gericht schenkt. Solch ein Aufschieben des Gerichtstages könnte die Rettung unzähliger Menschen bedeuten, aber wir dürfen keine Zeit mehr verlieren.

Kapitel 12

Um die Gebundenen zu befreien

Das aber ist ein Fasten, an dem ich Gefallen habe: Lass los, die du mit Unrecht gebunden hast, lass ledig, auf die du das Joch gelegt hast! Gib frei, die du bedrückst, reiß jedes Joch weg! (Jesaja 58,6).

„*An dem Tag, da ihr fastet, ... bedrückt ihr alle eure Arbeiter*", erklärte Gott durch Jesaja (Jesaja 58,3). Später sagte Jesus über die Schriftgelehrten und Pharisäer: „*Sie binden schwere und unerträgliche Bürden zusammen und legen sie den Menschen auf die Schultern*" (Matthäus 23,4), und dies, obwohl sie schon aufs Genaueste ihre wöchentlichen Fastentage einhielten.

In diesem oben aufgeführten, wunderbaren Vers aus Jesaja 58,6, dem Thema dieses Kapitels, offenbart Gott durch Jesaja, dass ein Fasten, an dem er Gefallen hat, das genaue Gegenteil ihres Fastens ist. Es soll die Menschen nicht in Gebundenheit führen, sondern sie davon lösen; es soll kein Werkzeug der Bedrückung, sondern der Befreiung sein. Wenn dieses Wort für uns, die wir in Ländern leben, in denen im Großen und Ganzen die soziale Ungerechtigkeit nicht sehr ausgeprägt ist, hier keine buchstäbliche Anwendung findet, dann liegt seine Bedeutung sicherlich im geistlichen Bereich. Die Menschen sind weder mit Stahlketten noch mit eisernen Fesseln gebunden, wohl aber mit den unsichtbaren Handschellen des Bösen. Sie kämpfen nicht gegen eine Bedrückung sozialer, sondern geistlicher, ja satanischer Natur.

In diesen Tagen, in denen der Geist Gottes weht und die Kraft Gottes freigesetzt wird, werden böse Mächte, die jahrelang in Menschenherzen schlummerten, gezwungen ihre Tarnung abzulegen und sich so zu zeigen, wie sie sind. Das scharfsinnige Auge kann erkennen, dass viele, denen wir auf unserem Lebensweg begegnen, vom Teufel bedrückt, von Dämonen geplagt, von Mächten gebunden sind, die sie nicht verstehen und von denen sie sich nicht befreien können. In vielen Fällen ekeln sie sich vor ihrem eigenen Verhalten, weinen ohnmächtig über ihre Unfähigkeit, die Ketten zu brechen und beten so gut sie es eben können um Befreiung.

Ein immer größer werdender Anteil der jüngeren Generation ist hoffnungslos an Nikotin, Alkohol, Drogen, sexuelle Triebe und Spielsucht gebunden. Andere werden von satanisch inspirierten Zirkeln und Kulten, verschiedene Formen der schwarzen Magie, der Zauberei und des Spiritismus betrogen und darin verstrickt. Und es kommt noch schlimmer: Da sind gläubige Christen, die in Angst, Groll, Eifersucht und Unreinheit gefangen sind. Dabei ist ihnen völlig klar, dass sie in sich selbst ein einziger Widerspruch zu dem befreienden Evangelium sind, das sie bekennen – doch wie können sie frei werden? Sie versuchen, ernsthaft zu beten, zu glauben und ihre Befreiung zu beanspruchen – und doch bleiben sie immer noch gebunden.

Jemand könnte einwenden: „Meinst du etwa, dass das Evangelium, das wir predigen, für die Bedürfnisse solcher Leute nicht ausreicht?“ Das Evangelium reicht allemal aus, doch nicht unbedingt „das Evangelium, das wir predigen“, denn wir predigen zum großen Teil ein unvollständiges Evangelium. Die Vergebung durch den Tod Christi ist entscheidend, aber es ist nicht das ganze Evangelium. Ein Mensch in der Umklammerung Satans ist oft unfähig, auf diese Botschaft überhaupt zu reagieren. Oder wenn er doch reagiert, werden ihm vielleicht seine Sünden vergeben, ohne dass seine Fesseln gelöst werden. Er ist gerettet, ohne befreit zu sein.

Simon von Samaria wollte mit Geld die Kraft erwerben, den Menschen durch Handauflegung den Heiligen Geist zu vermitteln (Apostelgeschichte 8,9-24). Nur weil dieser Fall etwas schwierig ist, sollten wir uns nicht damit begnügen, die Schwierigkeiten einfach zu umgehen mit der Behauptung, er sei nie wirklich wiedergeboren gewesen. Die Tatsachen sprechen dagegen, und zudem würde eine solche Behauptung die Lektion verschleiern, die dieser Vorfall uns lehren soll. Der Heilige Geist sagt uns, dass Simon *„glaubte“*, *„getauft“* war und sich *„zu Philippus hielt“* (Apostelgeschichte 8,13). Hier haben wir dieselben Zeichen der Bekehrung – Glaube, Taufe und Dabeibleiben –, die auch jene ersten am Pfingsttag Bekehrten kennzeichneten (s. Apostelgeschichte 2,41-42).

Als Petrus zu Simon sagte: *„Du hast weder Teil noch Los an dieser Sache“* (Apostelgeschichte 8,21 ELB), sprach er nicht von seiner Errettung und auch nicht vom Empfang des Heiligen Geistes, sondern von der Vollmacht, den Gläubigen durch Handauflegung den Heiligen Geist zu vermitteln. Simon trachtete mit fragwürdigen Mitteln und unlauteren Beweggründen danach, diese Gabe zu erwerben, und in diesem Sinne war sein Herz nicht rein vor Gott. Petrus ermahnte ihn nicht ganz allgemein, für seine Sünde Buße zu tun, sondern *„für diese deine Bosheit“*.

Wie konnte es dazu kommen, dass Simon unter diesen Einfluss des Bösen geraten und durch ihn gebunden war? Vor seiner Bekehrung war er von einem Größenwahn beseelt und hatte sich durch schwarze Magie mit den Mächten der Finsternis verbündet, um seine Ziele zu erreichen. Doch kann niemand, der sich auf Spiritismus, Zauberei, Hellseherei, Handlinienlesen, Wahrsagerei und dergleichen eingelassen hat, erwarten, dass er sich wieder so ohne Weiteres aus dem Griff Satans befreien kann. So musste auch Simon noch von diesem „Überbleibsel“ aus seinem früheren Leben befreit werden. Wie viele gläubige Christen erleben heute dasselbe wie er?

Vergebung war lediglich ein Teil der Botschaft Christi. Mit folgenden Worten stellt er uns seinen Aufgabenbereich vor: *„Er hat mich gesalbt, den Armen das Evangelium zu verkündigen; er hat mich gesandt, den Gefangenen zu verkündigen, dass sie frei sein sollen, und den Blinden, dass sie sehen werden, und den Unterdrückten, dass sie frei und ledig sein sollen“* (Lukas 4,18). Dieses Statement machte Jesus zu Beginn seines Dienstes. Nachdem dieser abgeschlossen war, beschrieb Petrus dem römischen Hauptmann *„wie Gott Jesus von Nazareth mit dem Heiligen Geist salbte und mit Kraft erfüllte, wie er umherzog, Gutes tat und alle, die der Teufel in seiner Gewalt hatte, heilte“* (Apostelgeschichte 10,38).

Als der Herr einem von Dämonen besessenen Mann gegenüberstand, der sich nach Befreiung sehnte, sagte er nicht: „Deine Sünden sind dir vergeben.“ Er trieb mit einem Wort die Dämonen aus. Als er eine Frau in der Synagoge traf, die 18 Jahre lang vom Satan gebunden war und ihren Körper nicht aufrichten konnte, sagte er nicht: „Dein Glaube hat dir geholfen, gehe hin in Frieden.“ Er legte ihr vielmehr die Hände auf und sagte: *„Sei frei von deiner Krankheit!“* (Lukas 13,12). Heute würden wir den Mann zum Psychiater und die Frau zum Physiotherapeuten schicken. Doch wenn die Wurzel ihrer Probleme satanischen Ursprungs sind, wie sollen sie da durch eine Behandlung, die auf die psychischen oder körperlichen Symptome abzielt, geheilt werden?

Christus beauftragte die Jünger nicht nur, die frohe Botschaft zu verkündigen, sondern auch die Kranken zu heilen und Dämonen auszutreiben (Lukas 9,1-2). Die Zweiundsiebzig berichteten: *„Herr, auch die bösen Geister sind uns in deinem Namen untertan"* (Lukas 10,17). Unser hochentwickeltes, aufgeklärtes Zeitalter kann mit solchen altmodischen Vorstellungen nichts mehr anfangen. Die weltliche Gesellschaft hat den Teufel als Lächerlichkeit abgetan. Selbst viele gläubige Christen meinen, Besessenheit durch Dämonen treffe eher auf biblische Zeiten oder lediglich noch auf primitive Kulturen zu, doch in unserer modernen Gesellschaft spiele das kaum noch eine Rolle. Und der Teufel? Der reibt sich genüsslich die Hände über unsere Blindheit.

Wie nötig brauchen wir doch die Gabe der Unterscheidung dieser Geister sowie den Glauben und die Vollmacht, sie auszutreiben. Zweifellos brauchen viele von denen, die heute in psychiatrischen Anstalten dahinvegetieren, weder Medikamente noch Elektroschocktherapie, sondern Befreiung im siegreichen Namen Jesu. Viele in unseren Gemeinden, die vom Teufel furchtbar bedrängt und gequält werden, brauchen den Dienst solcher Menschen, die wissen, wie man die Gefangenen befreit. Viele außerhalb der Gemeinde Jesu, die vom Teufel beeinflusst sind, warten auf den Haupt- und Nebenstraßen des Lebens darauf, dass diese Menschen mit der Botschaft und dem Dienst der Befreiung zu ihnen kommen.

Was geschieht mit den vielen Menschen, die heute unter die Räuber fallen? Dürfen wir sie in der Gosse in ihrem Blut liegen lassen? Gehen wir einfach an ihnen vorbei? Ganz gewiss müssen wir die himmlische Salbung für einen solchen Dienst erbitten und erhalten. Der Knecht ist nicht größer als sein Herr. Er kann es sich deshalb auch nicht leisten, ohne die Ausrüstung seines Meisters auszukommen. Nur wenn wir mit den Gaben des Heiligen Geistes ausgerüstet sind, können wir unterscheiden und befreien. Aber das ist nicht alles. Gott hat uns mit dem Fasten eine weitere mächtige Waffe in die Hand gegeben, um die Stellungen des Feindes zu durchbrechen.

„Das aber ist ein Fasten, an dem ich Gefallen habe", spricht der Herr: *„Lass los, die du gebunden hast, lass ledig, auf die du das Joch gelegt hast, gib frei, die du bedrückst, reiß jedes Joch weg."*[14] In erster Linie geht es hier natürlich um die reale tatsächliche Sklaverei. Aber für uns gibt es auch eine geistliche Anwendung und wir müssen die entscheidende Rolle, die das Fasten in diesem Dienst der Befreiung spielt, unbedingt wahrnehmen. Das ist Kriegsführung im Bereich der „Fürstentümer und Gewalten." Satan ist ein hartnäckiger Feind, der Geist und Seele, Verstand und Leib der Menschen, die sich in seiner Gewalt befinden, nicht loslassen wird, wenn er nicht dazu gezwungen wird. Im Fasten scheint diese Macht zu liegen, die ihn überwinden kann.

Bei der Befreiung eines Menschen von der Macht Satans ist oft ein „Erweichungsprozess" durch das Gebet notwendig. Ein Fasten unter Gottes Leitung stärkt den Fürbitter, so lange Druck auszuüben, bis der Feind gezwungen ist, den Gefangenen loszulassen. Dann wird das Fasten auch die Vollmacht geben, wenn Gottes Zeitpunkt kommt, das gebietende Wort zu sprechen, das die Befreiung bewirkt. Dies ist eines der offenen Geheimnisse im Dienst zur Befreiung aus der Macht Satans, wie wir im nächsten Kapitel zeigen werden.

---

[14] Jesaja 58,6.

Kapitel 13

Um von den Mächten der Finsternis zu befreien

Kann man auch einem Starken den Raub wegnehmen? Oder kann man einem Gewaltigen seine Gefangenen entreißen? So aber spricht der Herr: Nun sollen die Gefangenen dem Starken weggenommen werden, und der Raub soll dem Gewaltigen entrissen werden. Ich selbst will deinen Gegnern entgegentreten (Jesaja 49,24-25).

Einer der größten Gottesmänner, die China hervorgebracht hat, war sicherlich Pastor Hsi. Im Vorwort zu seinem Lebensbild schrieb Dr. D. M. Lloyd Jones:

> Er war im wahrsten Sinne des Wortes ein Mann Gottes. Sein einfacher, kindlicher Glaube, der dennoch stark und unerschütterlich war, erstaunte alle. Er nahm das Neue Testament wörtlich und setzte es in die Tat um, ohne Zögern und ohne Einschränkungen.[15]

Bei seiner Bekehrung wurde er von der schrecklichen Sucht des Opiumrauchens frei, und Gott gebrauchte diesen Mann in einem Dienst, der Hunderte seiner Landsleute vom Opium und von dämonischer Besessenheit befreite. Viele wurden durch Handauflegen geheilt. Die Herzen vieler Menschen öffneten sich so dem Evangelium, und überall in dieser Gegend entstanden Gemeinden. Bei seiner Bekehrung nahm er den Namen *Sheng-mo* an, das bedeutet „Bezwinger der Dämonen" –, als ob er geahnt hätte, welchen Dienst Gott für ihn bereithielt.

---

[15] Mrs. Howard Taylor, *Pastor Hsi, Confucian Scholar and Christian.* CIM (jetzt OMF).

Wenige Monate nach seiner eigenen Befreiung kam die erste große Prüfung. Seine Frau, die allem Anschein nach von seinem neuen Glauben angesprochen war, wurde von Dämonen in Besitz genommen. Sie litt unter schweren Depressionen und seelischen Qualen, und wenn die Zeit für die tägliche Andachtszeit nahte, bekam sie „heftige Anfälle unkontrollierbarer Wut." Wirklich alle Dorfbewohner betrachteten ihre Besessenheit als Strafe für Hsi wegen seiner Sünde gegen die Götter. „Berühmter Bezwinger der Dämonen", spotteten sie, „lass sehen, was dein Glaube jetzt ausrichten kann!"

Doch Hsi hatte bereits die Macht des mit Fasten verbundenen Gebets im Kampf gegen Satan erfahren:

> Er rief in seinem Haus zu einem dreitägigen Fasten auf und widmete sich dem Gebet. Körperlich schwach, doch stark im Glauben, nahm er die Verheißungen Gottes auf vollständige Befreiung in Anspruch. Dann ging er unverzüglich zu seiner geplagten Frau, legte ihr die Hand auf und befahl den bösen Geistern in Jesu Namen, auszufahren und sie nicht mehr zu quälen.

Frau Hsi wurde augenblicklich frei und blieb es auch. Sie bekannte sich als Christin und wurde ihrem Mann eine fähige und hingegebene Mitarbeiterin im Dienst Gottes.

So begann ein Dienst, der mit Recht „apostolisch" genannt werden konnte. Charakteristisch für diesen Dienst waren heftige Kämpfe mit den Mächten der Finsternis. Groß war die Macht Satans, die gegen Hsi losgelassen wurde, doch größer war die Macht Gottes, die mit ihm war, um zu erretten, zu befreien und zu heilen. Ganz gleich, welche Schwierigkeiten zu bewältigen waren, für Hsi gab es nur eine Lösung. Ob Führung in wichtigen Entscheidungen oder Weisheit im Umgang mit schwierigen Leuten und verworrenen Situationen nötig waren, ob es um die Befreiung Opiumsüchtiger oder Besessener ging, um Standhaftigkeit in Verfolgung und Anfeindung – Hsi widmete sich dem Gebet und dem Fasten. Welch' mächtige Siege und Befreiungen wirkte Gott für ihn und durch ihn!

Als Hsi noch ein konfuzianischer Gelehrter war, hoffnungslos dem Opium ergeben, erweckte Gott sich in Deutschland ebenfalls einen „apostolischen Mann", der in ähnlicher Weise dazu gebraucht wurde, viele von bösen Geistern zu befreien. Andrew Murray berichtet über ihn:

> Als Blumhardt den schrecklichen Kampf mit den bösen Geistern in den Besessenen auszufechten hatte und sie durch Gebet austreiben wollte, wunderte er sich oft, warum die Antwort ausblieb. Eines Tages machte ihn ein Freund, dem er von dieser Schwierigkeit erzählt hatte, auf die Worte unseres Herrn über das Fasten aufmerksam. Blumhardt beschloss zu fasten, manchmal länger als 30 Stunden.

Die Wirkung dieser von Gott bestimmten Übung beschreibt er selbst wie folgt:

> Das Fasten des Beters vor Gott zeigt, dass ihm das Anliegen wahrhaft ernst und dringlich ist, und da das Fasten die Intensität und die Kraft eines Gebets in großem Maße zu steigern vermag und es auf diese Weise praktisch zu einem unaufhörlichen Gebet ohne Worte wird, war ich überzeugt, dass es nicht ohne Wirkung bleiben würde. Ich probierte es aus, sagte niemandem etwas davon, und tatsächlich wurden die nachfolgenden Kämpfe außerordentlich leichter. Ich wurde befähigt, ruhiger und bestimmter zu sprechen, und es war nicht mehr nötig, über lange Zeit hinweg bei dem Kranken zu verweilen. Ich merkte, dass ich Einfluss haben konnte, ohne körperlich anwesend zu sein.[16]

So wurde Pastor Blumhardts Dienst vollmächtiger und wirkungsvoller, als er zu fasten begann, um zu befreien.

Gibt es auch heute Menschen, die Gott zu solchem Dienst gebraucht? Ja – und ihre Zahl mehrt sich. Eine Beterin in Nordengland, die mir persönlich bekannt ist, berichtet:

> Ich erhielt einen Brief von einer mir unbekannten Frau, die von ihrer kranken Tochter schrieb. Ich lud sie ein, zu mir zu kommen. Sie erzählte, dass ihre nun 37 Jahre alte Tochter als junges Mädchen zum Glauben gekommen war und mit 14 Jahren getauft worden war. Sie wurde Krankenschwester und geriet auf die schiefe Bahn.
>
> Als sie ein Kind bekam, schien sie diese Tragödie eine Zeitlang zum Herrn zurückzubringen. Aber dann wandte sie sich wieder ab und sagte: Gott hat nichts für mich getan; ich will einmal sehen, was der Teufel tun kann. Sie endete in einer psychiatrischen Klinik. Als ihre

[16] Andrew Murray, With Christ in the School of Prayer. Fleming H. Revell Co.

Eltern sie dort besuchten, bewarf sie sie mit Weintrauben. Sie nannte ihren Vater „Hitler“ und ihre Mutter „Königin Mary“. Dann sank sie aufs Kissen zurück und sagte: „Böse Geister! Böse Geister!“
Ich hatte großes Mitleid mit der weinenden Mutter und versprach, für ihre Tochter zu fasten und zu beten. Am dritten Tag meines Fastens verspürte ich den Drang, im Namen des Herrn Jesus Christus den Dämon aus diesem Mädchen auszutreiben. Ich erhielt einen Brief von der Mutter, in dem sie schrieb, dass meine Gebete erhört worden seien. Ihre Tochter war bewusstlos auf dem Fußboden des Badezimmers aufgefunden worden. Als sie wieder zu sich kam, war sie geheilt, aber noch sehr schwach. Bald danach wurde sie entlassen.“

Es gibt viele solcher Notfälle in unserer Umgebung. Haben wir Angst, ihnen gegenüberzutreten, weil wir unsere Ohnmacht kennen und die Macht des Teufels fürchten? Die meisten von uns sind ehrlich genug, einzugestehen, dass sie nicht wüssten, was sie tun sollten, um mit einem solchen Fall fertigzuwerden. Wir würden lieber den Psychiater holen, statt ein Problem anzupacken, für dessen Lösung wir nicht ausgebildet sind. Durch unser Fluchtverhalten meinen wir zumindest, der Demütigung und Verlegenheit entgehen zu können, falls wir den Herrn fragen müssten: *„Warum konnten wir ihn nicht austreiben?“* (Markus 9,28). Aber können wir uns mit dieser Situation wirklich zufriedengeben? Oder – was viel wichtiger ist – ist der Herr damit zufrieden?

Er möchte ganz sicher, dass wir sein tiefes Mitleid mit diesen gequälten Seelen gleichermaßen empfinden. Er gab uns die Vollmacht, sie zu befreien. *„In meinem Namen werden sie böse Geister austreiben“* (Markus 16,17). Ist uns das wichtig genug, um für ihre Befreiung zu fasten und zu beten?

Gewiss ist eine Befreiung selten möglich, wenn die Besessenen oder Gebundenen sich nicht von Herzen selbst danach sehnen und nicht bereit sind, jeder Sünde, die dem Satan die Tür geöffnet hat, durch Buße und Bekenntnis abzusagen, um ihn seiner Rechte zu berauben. Das trifft besonders für gläubige Christen zu. Oft ist dieses tiefe Verlangen bei ihnen wirklich vorhanden, aber es ist niemand da, an den sie sich wenden können, der bereit ist, seine von Gott gegebene

Autorität einzusetzen, den Preis dafür zu bezahlen, wenn nötig mit Gebet und Fasten, und schließlich die Befreiung zu befehlen.

Möge Gott uns in dieser notvollen Stunde den Blick und den notwendigen Glauben dafür geben.

Kapitel 14

Um Erkenntnis zu erlangen

> *Ich, Daniel ... kehrte mich zu Gott, dem Herrn, um zu beten und zu flehen unter Fasten ... Gabriel ... redete mit mir und sprach: Daniel, jetzt bin ich ausgegangen, um dir zum rechten Verständnis zu verhelfen* (Daniel 9,3; 21-22).

Es wird oft behauptet, Visionen, Offenbarungen und von Gott eingegebene Träume hätten nach den biblischen Zeiten aufgehört. Doch in der Heiligen Schrift finden wir dafür keine Hinweise, und auch die Kirchengeschichte erbringt genügend Beweise für das Gegenteil. Es sind zwar oft nicht die üblichen Mittel, durch die Gott seine Wahrheit mitteilt oder seinen Willen kundtut, doch das waren sie auch zu biblischen Zeiten nicht. Tatsache ist jedoch, dass Gott heute wie damals zu außergewöhnlichen Mitteln greifen kann, um mit den Menschen zu reden.

In Zeiten von Erweckungen hat die Kirche in der Ausgießung des Heiligen Geistes eine Erfüllung der Weissagung Joels erfahren, wenn auch nicht immer in vollem Umfang:

> *Eure Söhne und eure Töchter sollen weissagen, und eure jungen Männer sollen Gesichte sehen, und eure Alten sollen Träume haben* (Apostelgeschichte 2,17 unter Berufung auf Joel 2,28).

Auf der ganzen Welt ist ein neues Wehen des Geistes spürbar. Gott zeigt erneut seine Bereitschaft, unter uns auf genau die Art und Weise, wie Joel es vorausgesagt hat, gegenwärtig zu sein und uns seine Gedanken mitzuteilen. Vielleicht war er schon immer dazu bereit, aber wir waren nicht darauf vorbereitet.

Liegt hier nicht eine Gefahr für Täuschung und Verblendung, ja für Fanatismus? Gewiss, doch diese Gefahr hat schon immer bestanden und ist heute nicht größer als zu biblischen Zeiten, wo Gott tatsächlich auf diese Weise zu den Menschen sprach. Warum sollte Gott heute nicht dasselbe Risiko auf sich nehmen wie damals? Der Teufel war schon in den Tagen Jeremias eifrig bestrebt, das echte Wirken des Geistes nachzuahmen, denn der Prophet Jeremia spricht von solchen, die *„falsche Offenbarungen, nichtige Wahrsagung und ihres Herzens Trug"* predigen (Jeremia 14,14; vgl. auch Hesekiel 13,6-7).

Die Tatsache, dass falsche Münzen in Umlauf gebracht werden, beweist ja nur die Existenz echter Münzen. Satan vergeudet seine Zeit nicht damit, etwas nachzuahmen, das gar nicht mehr existiert. Für jeden falschen Propheten wie Zedekia hat Gott seinen Micha (s. 1. Könige 22). Für jeden Hananja hat er seinen Jeremia (s. Jeremia 28). Aus Angst vor der Fälschung dem Echten den Rücken zuzukehren (eine Haltung, die heute leider unter Evangelikalen vorherrscht), heißt, weiser als der Allmächtige sein zu wollen und damit dem Teufel in die Hände zu spielen. Angst ist eine seiner wirksamsten Waffen gegen das echte Wirken des Geistes.

Trotz alledem sollten wir vorsichtig sein. Wir können es uns nicht leisten, die Warnungen der Schrift in den Wind zu schlagen. Lasst uns an diese Dinge glauben, weil die Schrift sie lehrt, aber lasst sie uns auch immer am Wort prüfen. John Wesley erlebte von Zeit zu Zeit das Wirken des Übernatürlichen in seinem Dienst und erkannte, dass es von Gott war. Seine Warnung ist deshalb umso aktueller als auch zutreffend:

> Schreibe Gott niemals Dinge zu, die nicht von ihm sind. Erachte Träume, Stimmen, Eindrücke, Visionen, Offenbarungen ohne ausreichende Beweise nicht leichtfertig als von Gott kommend. Sie könnten aus der menschlichen Natur oder vom Teufel stammen. Deshalb beherzige die Warnung des Apostels: *„Ihr Lieben, glaubt nicht jedem Geist, sondern prüft die Geister, ob sie von Gott sind."*[17] Prüft alle Dinge am geschriebenen Wort, und lasst alles sich davor beugen.

---

[17] 1. Johannes 4,1.

Es besteht zweifellos eine sehr enge Verbindung zwischen dem Fasten und dem Empfangen geistlicher Offenbarung. Viele nichtchristliche Religionen, wie z. B. Moslems, Buddhisten, Hindus oder die Anhänger des Konfuzius, praktizieren das Fasten, weil sie um seine Kraft wissen, die Gedanken vom Sinnlichen zu lösen und die Sensibilität für die geistliche Welt zu schärfen. Der Verzicht auf Nahrung ist auch heute noch, wie zu Zeiten des Apostels Paulus, ein wichtiger Grundsatz des Spiritismus (s. 1. Timotheus 4,1-3).

Im ersten Kapitel des Buches Daniel werden uns vier junge Hebräer vorgestellt, die es ablehnten, sich mit der üppigen Speise des Königs und seinem Wein zu verunreinigen, da diese Dinge zuvor den heidnischen Götzen geopfert wurden. Sie bevorzugten stattdessen, *„Gemüse zu essen und Wasser zu trinken"*. Das Ergebnis war, dass Gott diesen vier jungen Leuten *„Einsicht und Verstand für jede Art von Schrift und Weisheit gab. Daniel aber verstand sich auf Gesichte und Träume jeder Art"* (Daniel 1,12 und 17). Sie erwiesen sich als *„zehnmal klüger und verständiger als alle Zeichendeuter und Weisen in seinem ganzen Reich"*. So wurde Daniel, der von Jugend auf zu einem disziplinierten Leben erzogen worden war, in dem das Fasten einen wichtigen Platz einnahm (s. Daniel 9,3; 10,2-3), zu einem der größten alttestamentlichen Seher von Visionen und Träumen.

Das Neue Testament führt uns denselben Punkt vor Augen. Als Petrus *„hungrig ward und essen wollte"* (Apostelgeschichte 10,10), gab Gott ihm die Vision, die den Heiden die Tür zum Glauben öffnete. Nachdem Paulus uns mitteilt, dass er oft *„in Fasten"* war (2. Korinther 11,27), fährt er im nächsten Kapitel fort, von seinen *„Gesichtern und Offenbarungen des Herrn"* zu berichten. Die Botschaft des Engels, die Paulus beim Höhepunkt des Sturmes auf dem Mittelmeer empfing, kam nach langer Zeit, in der man nichts gegessen hatte (Apostelgeschichte 27,21-24). Ganz gewiss lebte auch der Gefangene Diokletians auf der einsamen Insel Patmos nicht in Saus und Braus, als er *„am Tag des Herrn vom Geist ergriffen"* wurde und die endzeitliche Offenbarung Jesu Christi erhielt.

Die Schrift sagt nichts davon, dass wir nach Visionen, Träumen oder übernatürlichen Offenbarungen *streben* sollen. Doch sie gibt Zeugnis davon, dass diejenigen, die Gott unter Fasten suchen, von ihm mit solchen Zeichen seiner Gegenwart belohnt werden können.

Doch diese sind nicht der einzige und auch nicht der wichtigste Aspekt von Offenbarung.

Wir brauchen ständig Offenbarung im Hinblick auf den Willen Gottes für unser Leben. Wir kommen in Situationen, die göttliche Weisheit und Erkenntnis erfordern. Pastor Hsi erlebte eine ernste Krise zu Beginn seiner Rehabilitationsarbeit unter den Opiumsüchtigen, als plötzlich die Lieferung ausländischer Medikamente ausblieb, die für die Behandlung der Patienten lebenswichtig waren. In dieser verzweifelten Situation kam ihm der Gedanke, Gott könne seine Kenntnis der einheimischen Drogen benutzen, um ein Ersatzmedikament zusammenzustellen. Er suchte den Herrn im Gebet und Fasten und bat ihn, ihm die richtigen Bestandteile zu zeigen. Frau Howard Taylor berichtet vom Ergebnis:

> Auf ganz einfache Weise wurde ihm klar, wie diese Pillen herzustellen waren. Die nötigen Zutaten waren in seinem Lager vorrätig. Immer noch fastend nahm er die Beschreibung, stellte das Medikament zusammen und eilte zurück zum Heim. Es erwies sich als voller Erfolg und gab der Opiumentzugsarbeit eine vollständig neue Richtung.[18]

Warum wenden wir in unseren verzweifelten Lebenssituationen dieses uralte Rezept des Betens und Fastens nicht genauso an?

Zum Schluss ist da noch die Frage nach der Offenbarung aus dem geschriebenen Wort. Wir alle neigen zu traditionellen Standpunkten. Was wir dringend brauchen, ist neue Klarheit aus Gottes Wort über umstrittene Themen wie die Gemeinde Jesu, ihr Wesen und ihre Aufgabe; das Wirken des Heiligen Geistes im Leben des Gläubigen; die prophetischen Schriften und Gottes Plan für die Zukunft.

Wir können lesen und lernen, diskutieren und argumentieren, diesen oder jenen Standpunkt verfechten, doch was es in diesen herausfordernden Tagen wirklich braucht, ist der *„Geist der Weisheit und der Offenbarung“*[19], der auch heute noch denen gegeben wird, die Gott mit Beten und Fasten suchen. Als Daniel dies tat, kam der himmlische Bote zu ihm und sagte: *„Jetzt bin ich ausgegangen, um dir zum rechten Verständnis zu verhelfen ... So merke nun auf das*

---

[18] Mrs. Howard Taylor, *Pastor Hsi, Confucian Scholar and Christian.* OMF.
[19] Epheser 1,17.

Wort, damit du das Gesicht verstehst" (Daniel 9,22-23). Wir brauchen Klarheit, und diese wird uns sicher gegeben werden – alle Klarheit, die wir für diese dunklen Tage brauchen –, wenn sie uns wertvoll genug ist, dass wir sie so suchen, wie Daniel es tat.

Die Verheißung, die vor langer Zeit denen gegeben wurde, die für Gott fasten, gilt auch heute noch:

> *... dann wird dein Licht in der Finsternis aufgehen und dein Dunkel wird sein wie der Mittag. Und der Herr wird dich immerdar führen und dich sättigen in der Dürre und dein Gebein stärken. Und du wirst sein wie ein bewässerter Garten und wie eine Wasserquelle, der es nie an Wasser fehlt* (Jesaja 58,10-11).

Kapitel 15

Die Fleischtöpfe Ägyptens

Wollte Gott, wir wären in Ägypten gestorben durch des Herrn Hand, als wir bei den Fleischtöpfen saßen und hatten Brot die Fülle zu essen (2. Mose 16,3).

Es heißt, „Liebe geht durch den Magen“. Satan wusste das und versuchte Eva mit der verbotenen Frucht. *„Und die Frau sah, dass von dem Baum gut zu essen wäre ... Und sie nahm von seiner Frucht und aß und gab ihrem Mann, der bei ihr war, auch davon und er aß“* (1. Mose 3,6). Somit war es unter anderem auch die Versuchung zum Essen, die den Ruin der Menschheit herbeiführte. Der Schrei des menschlichen Magens half dabei, die Stimme Gottes im Paradies zu überhören.

Satan erkannte dabei, wie wirksam ein starker Appell an den Magen des Menschen sein konnte, und hat dieses Mittel in der Folgezeit mit offensichtlichem Erfolg angewandt. Selbst Noah, ein Mann, der mit Gott wandelte, geriet in diese Falle. *„Er pflanzte einen Weinberg. Und da er von dem Wein trank, ward er trunken und lag im Zelt aufgedeckt“* (1. Mose 9,20-21).

In hohem Alter sehen wir, dass Isaak, der Patriarch, trotz der Offenbarungen, die Gott ihm gegeben hatte, immer noch Esau gegenüber Jakob vorzog, und zwar aus keinem edleren Grund, als dass dieser ältere Sohn die Lieblingsspeise seines Vaters auf den Tisch brachte (s. 1. Mose 25,28). Esau wiederum verkaufte sein Erstgeburtsrecht für eine einzige Mahlzeit und verwirkte dafür später auch den Segen des Erstgeborenen (s. Hebräer 12,16-17). In welchem Ausmaß ist Esaus Fleischlichkeit seinem alten Vater anzulasten, der seinen eigenen

Appetit nicht zügelte? Das ist eine herausfordernde Frage, besonders für christliche Eltern.

Es ist eine traurige Geschichte, wie das Volk Gottes auf seiner Wüstenwanderung in dieser Hinsicht ununterbrochen versagte. Als es ums Essen ging, murrten und weinten sie, waren voll Begierde und Verlangen.

> *Wollte Gott, wir wären in Ägypten gestorben durch des Herrn Hand, als wir bei den Fleischtöpfen saßen und hatten Brot die Fülle zu essen* (2. Mose 16,3).
>
> *Wer wird uns Fleisch zu essen geben? Wir denken an die Fische, die wir in Ägypten umsonst aßen, und an die Kürbisse, die Melonen, den Lauch, die Zwiebeln und den Knoblauch* (4. Mose 11,4-5).
>
> *Warum hast du uns aus Ägypten geführt, dass wir sterben in der Wüste? Denn es ist kein Brot noch Wasser hier, und uns ekelt vor dieser mageren Speise* (4. Mose 21,5).

Der Psalmist beschreibt treffend, was Gott davon hielt:

> *Was sie verlangten, gewährte er ihnen. Sie hatten ihr Verlangen noch nicht gestillt, ... da kam der Zorn Gottes über sie und brachte ihre Vornehmsten um und schlug die Besten in Israel nieder* (Psalm 78,29-31).
>
> *Er aber gab ihnen, was sie erbaten, und sandte ihnen genug, bis ihnen davor ekelte* (Psalm 106,15).

Diese Lust auf Essen wagte es sogar, ihr Haupt im Heiligtum Gottes zu erheben, und brachte den Fluch über das Haus Elis. Gott fragte den alten Priester mit Empörung: *„Warum tretet ihr denn meine Schlachtopfer und Speisopfer mit Füßen, die ich für meine Wohnung geboten habe? Und du ehrst deine Söhne mehr als mich, dass ihr euch mästet von dem Besten aller Opfer meines Volkes Israel“* (1. Samuel 2,20).

Obwohl Gott uns unseren Körper gegeben und diesen mit bestimmten grundlegenden Instinkten – einschließlich der leiblichen Bedürfnisse – ausgestattet hat, sind wir doch aufgefordert, das Leibliche dem Geistlichen unterzuordnen. Der Körper hat immer Diener zu sein, niemals Herr. Die Essbegierde beim Volk Israel in der Wüste ist heute wie damals noch genauso unter uns. Wenn Gott zu jener Zeit nach den Worten des Paulus über sein lüsternes Volk ungehalten war und sie in der Wüste vernichtete (1. Korinther 10,5), wie sollte er heute über sein lüsternes Volk weniger ungehalten sein?

Bei jedem Gläubigen gibt es einen feinen Unterschied zwischen der Befriedigung normaler körperlicher Bedürfnisse und der Befriedigung der inneren Begierde, der Bindung an fleischliches Verlangen, die auch durch keine Verschleierungstaktiken aus der Welt geschafft werden können. Wenn wir nicht „nein" sagen können beim zweiten Zugreifen nach unserer Lieblingsspeise, obwohl wir diese Extraportion nicht mehr nötig haben; wenn wir dauernd „Imbisse" zwischen den regulären Mahlzeiten haben müssen; wenn wir besondere Speisen verlangen, die den Gaumen kitzeln und unseren wählerischen Appetit reizen; mit einem Wort, wenn das Essen eine dauernde Versuchung ist, der wir ständig erliegen, dann ist es ganz klar, dass wir gebunden sind.

> *Alles ist mir erlaubt, aber nicht alles dient zum Guten. Alles ist mir erlaubt, aber es darf mich nichts gefangen nehmen. Die Speise ist für den Bauch und der Bauch für die Speise; aber Gott wird das eine wie das andere zunichtewerden lassen* (1. Korinther 6,12-13).
>
> *Denn von wem jemand überwunden ist, dessen Knecht ist er geworden* (2. Petrus 2,19).

Paulus musste den undisziplinierten Gläubigen in Korinth schwerwiegende Dinge vorhalten; sie gaben sich beim Liebesmahl offensichtlich der Trunkenheit und Gefräßigkeit so hin, dass man unmöglich das Mahl des Herrn feiern konnte (1. Korinther 11,20-22). Er erinnerte sie an die Geschichte Israels in der Wüste:

> *Das ist aber als warnendes Beispiel für uns geschehen, damit wir nicht am Bösen unsere Lust haben, so wie jene. Werdet auch nicht Götzendiener, wie einige von ihnen es wurden, wie geschrieben steht: Das Volk setzte sich nieder, um zu essen und zu trinken ...* (1. Korinther 10,6-7).

Sich hinsetzen, um zu essen und zu trinken: Und der Heilige Geist nennt es Götzendienst! Wir schließen daraus nicht, dass der Gott, der uns reichlich alle Dinge gibt, unser Festessen nicht ebenso segnen kann, wie unser Fasten. Tatsache ist jedoch, dass der Heilige Geist uns hier warnt: Wenn wir uns hinsetzen, um zu essen und zu trinken, kann das Götzendienst sein oder Gott zur Ehre gereichen. In dieser Beziehung hat es unter bekennenden Christen schon viel zu viel

Disziplinlosigkeit gegeben, als dass wir uns einbilden dürften, wir hätten diese apostolische Warnung nicht nötig.

Es gibt zu denken, dass alle Sünden und alle Trauer, alle Krankheiten und das Sterben in der Welt letzten Endes auf den Genuss der verbotenen Frucht zurückzuführen sind. Preis dem Herrn, dass in der Fülle der Zeit ein anderer Mensch in die Arena trat, „der letzte Adam". Er stellte sich demselben Versucher, und zwar nicht in der heilen Umgebung des Paradieses, sondern in der öden Wüste; nicht wohlgenährt von den reichlichen Vorräten des Paradieses, sondern mit einem durch langes Fasten geschwächten Leib, der vom Hunger geplagt war.

> *Da trat der Versucher zu ihm und sagte: Bist du Gottes Sohn, so sprich, dass diese Steine Brot werden. Er aber antwortete: Es steht geschrieben: Der Mensch lebt nicht vom Brot allein, sondern von jedem Wort, das aus Gottes Mund kommt ... Da verließ ihn der Teufel* (Matthäus 4,3.11).

Wo der erste Adam versagte, triumphierte der letzte Adam. Durch seinen Tod und seine Auferstehung hat er dem Menschen das Paradies zurückgewonnen, das Adam durch die Sünde verloren hatte.

Zum Schluss sieht Johannes in der Stadt Gottes den Baum des Lebens, von dem der Mensch durch seinen Ungehorsam vertrieben worden war, auf beiden Seiten des kristallenen Stromes wachsen. Er beschreibt uns die ewige Seligkeit derer, die ihre Kleider waschen und dadurch ein Anrecht auf den Baum des Lebens haben und durch die Tore in die Stadt gehen dürfen (s. Offenbarung 22). Dem Menschen, der aus dem Paradies ausgestoßen war, ist das Paradies Gottes durch den Gehorsam des Menschen Jesus Christus wiedergegeben worden.

In der Zwischenzeit müssen wir in einem Leib leben, der der Versuchung unterworfen ist. Christus warnte uns, indem er sagte, dass „Essen und Trinken", genauso wie in den Tagen Noahs, die Tage vor seiner Wiederkunft kennzeichnen würden. Er befahl uns wachsam zu sein, damit unsere Herzen nicht mit Völlerei und Trunksucht und mit den Sorgen des täglichen Lebens überwältigt werden und uns der Tag seiner Wiederkunft nicht unvorbereitet trifft (s. Matthäus 24,37-38; Lukas 12,45-46; 21,34). Als seine Jünger müssen wir „nein" sagen zu uns selbst, das Kreuz auf uns nehmen und ihm nachfolgen. Welche Rolle spielt das Fasten in der Disziplinierung des Körpers? Dieser Frage wenden wir uns jetzt zu.

Kapitel 16

Den Leib disziplinieren

Ich discipliniere meinen Leib und unterwerfe ihn, dass ich nicht den andern predige und selbst verworfen werde (1. Korinther 9,27).

Es gibt Menschen, die offensichtlich blind sind für ihre Gebundenheit in Bezug auf Essen und den Verlust an geistlicher Kraft, den diese mit sich bringt. Sie verwechseln die Esslust, deren Sklaven sie sind, mit einem natürlichen und gesunden Appetit. Andere sind sich zwar ihrer Gebundenheit bewusst, doch beunruhigt sie es nicht, dass sie Sklaven ihres Magens sind. Die Tatsache, dass christliche Jüngerschaft in diesem Bereich Selbstdisziplin erfordert, ist allem Anschein nach überhaupt noch nicht bis in ihr Gewissen vorgedrungen. Sie verstecken ihre Esslust und die Mengen, die sie verzehren, hinter einem Witz, indem sie scherzen: „Ich kann allem widerstehen, nur der Versuchung nicht."

Viele, die gefastet haben, mussten sich eingestehen, dass erst Gottes Ruf zur Abstinenz sie ihre Gebundenheit erkennen ließ. Martin Luther, der beharrlich fastete, sagte einmal treffend: „Das Fleisch pflegte schrecklich zu murren."

In seiner Biografie von Rees Howells berichtet Norman Grubb, wie Gott auf diesem Gebiet anfing, an seinem Diener zu arbeiten:

> Damals empfand er eine große Last wegen eines Kongresses, der durch Angriffe vom Feind gestört wurde. Der Herr rief ihn zu einem Tag des Betens und Fastens auf – etwas ganz Neues für ihn. Er war an ein bequemes Heim und vier leckere Mahlzeiten am Tag gewöhnt, daher wirkte es wie ein Schock auf ihn, als ihm aufging, was das bedeutete: kein Mittagessen. Das beunruhigte ihn gewaltig.

Würde das nur einmal passieren? Vielleicht würde Gott das gar jeden Tag von ihm verlangen?
Zur Mittagszeit kniete er sich in seinem Schlafzimmer hin, doch es kam in der folgenden Stunde zu keinem Gebet. „Ich wusste nicht, dass eine solche Begierde in mir steckte", sagte er hinterher. „Meine Unruhe war der beste Beweis dafür, wie mich die Begierde beherrschte. Weshalb hätte es mich sonst so erregt?"
Um 13.00 Uhr rief ihn seine Mutter zum Essen, und er sagte ihr, er werde heute nicht essen. Sie rief ihn wieder, wie eine Mutter das tut, und drängte ihn: „Es dauert doch gar nicht lange." Er konnte dem guten Duft von unten nicht länger widerstehen und kam herunter. Nach der Mahlzeit kehrte er in sein Zimmer zurück, konnte aber nicht mehr in die Gegenwart Gottes gelangen. Er stand dem Ungehorsam gegen den Heiligen Geist Auge in Auge gegenüber.
„Ich kam mir vor wie der Mann im Garten Eden. Ich ging den Berg hinauf und lief meilenweit und fluchte dem alten Menschen in mir." Er nahm danach mehrere Tage lang kein Mittagessen zu sich, sondern verbrachte diese Stunde mit Gott. Später berichtete er: „In dem Augenblick, wo ich in dieser Sache den Sieg hatte, war es nicht länger schwierig. Nur solange man noch eine Sache begehrt, trägt man sie ständig mit sich herum. Wenn du darüberstehst, kann Gott sie dir wiedergeben; doch dann bist du von ihr frei."[20]

Wo dieser Begierde nach Essen freien Lauf gelassen wird, ergeben sich auch Angriffspunkte auf anderen Gebieten. Der Zusammenhang zwischen übermäßigem Essen und der Stimulierung der sexuellen Begierde ist allgemein bekannt. Wie wir bereits festgestellt haben, war die Sünde Sodoms mit „Übersättigung" gekoppelt. Gott sagte von Israel: *„Als ich sie satt gemacht hatte, trieben sie Ehebruch"* (Jeremia 5,7). Zuvor hatte er sie durch Mose gewarnt: Es werden neue Versuchungen auf euch zukommen, wenn ihr das Land, in dem Milch und Honig fließt, nach der Wüstenwanderung in Besitz genommen habt – die Versuchung nämlich, sich gegen Gott aufzulehnen, ihn um der Götzen willen zu verlassen:

Als aber Jeschurun fett ward, wurde er übermütig. Er ist fett und dick und feist geworden und hat den Gott verworfen, der ihn

---

[20]Norman Grubb, *Rees Howells, Intercessor*. CLC Publications.

> *gemacht hat. Er hat den Fels seines Heils geringgeachtet und hat ihn zur Eifersucht durch fremde Götter gereizt; durch Gräuel hat er ihn erzürnt* (5. Mose 32,15-16).

Paulus unterstrich die Bedeutung, die der Unterwerfung dieser natürlichen Triebe zukommt: „... *sorgt nicht so für euch, dass ihr den Begierden verfallt*" (Römer 13,14). Was die ehelichen Beziehungen betrifft, ermutigt er zu Zeiten der Enthaltsamkeit, „*aber dann wieder zusammenzukommen*" (1. Korinther 7,5). Der Vers aus 1. Korinther 9,27, der diesem Kapitel vorangestellt ist, zeigt ein wenig von der inneren Disziplin des Apostels. Er benutzt ein Beispiel aus den Fitnesszentren der griechischen Städte, die einen wichtigen Platz im Leben der Griechen einnahmen:

> *Jeder aber, der kämpft, legt sich jeden Verzicht auf ...*
> *Ich diszipliniere meinen Leib und unterwerfe ihn, damit ich nicht den andern predige und selbst verworfen werde*" (1. Korinther 9,25.27).

Dem Apostel ging es nicht nur um die Gefahr der Versuchung durch einen ungezügelten Leib, sondern um den Verlust der Kraft im großen Kampf des Lebens. Er vergleicht dies mit einem Athleten, der nicht ernsthaft trainiert hat, am Tag des Wettkampfes deshalb nicht in Form ist und darum den Siegeskranz nicht gewinnen kann. Aus diesem Grund macht er es sich zur Aufgabe, alle notwendigen praktischen Schritte zu unternehmen, um die Triebe und Begierden des Leibes zu zügeln, damit das geistliche Leben den Vorrang behält. Wie hätte er erwarten können, den Siegeskranz zu erringen, wenn er selbst ständig von seinen unersättlichen Begierden besiegt worden wäre?

Als unser Herr und Heiland selbst im Fleisch war, wusste er allzu gut, was es heißt, hungrig, durstig und müde zu sein; doch er demonstrierte stets jene perfekte Selbstbeherrschung, die eine Frucht des Geistes ist.

Als er in der Hitze des Tages den Brunnen von Sychar erreichte, gab er einer sündigen Frau das lebendige Wasser, während seine Jünger sich auf die Suche nach Nahrung machten. Als sie mit dem Essen zurückkamen, nötigten sie ihn, zuzugreifen, weil sie überzeugt waren, er müsse ebenfalls so hungrig sein wie sie. Sogleich erwiderte er ihnen: „*Ich habe eine Speise zu essen, von der ihr nicht wisst.*" Hatte ihm jemand während ihrer Abwesenheit etwas zu essen gebracht? *„Meine Speise ist es"*, erklärte er, *„dass ich den Willen dessen tue, der mich gesandt hat, und sein Werk vollende"* (Johannes 4,8; 31-34).

Welch vollkommene Beherrschung des Leiblichen durch das Geistliche! Hatte er nicht 40 Tage und Nächte gefastet? Hatte er nicht den Angriff des Versuchers zurückgeschlagen, als er genötigt wurde, Steine in Brot zu verwandeln? Der Mensch muss nicht vom Brot allein leben, aber es kann schon einmal vorkommen, dass er allein vom Wort Gottes leben muss. War nicht das Leben dessen, der *„nicht sich selbst zu Gefallen lebte"*, ein solches von fortwährender Selbstdisziplin? Ruft er nicht immer noch dazu auf, ihm auf dem Weg der Selbstverleugnung und des Kreuztragens nachzufolgen? Aber wie sieht das praktisch aus?

„Das ist eine ganz einfache Sache", antwortet da jemand. „Die Frucht des Geistes ist Selbstbeherrschung. Erlaube Jesus, sein Leben in dir zu leben, und diese Frucht wird das sichere Ergebnis sein." Das ist gewiss wahr, aber es ist nicht die ganze Wahrheit, wie so mancher durch die Schule des Versagens erfahren musste. Oft verlangt Gott von uns ganz praktische Dinge, bevor diese Frucht wachsen kann.

Wir müssen selbstverständlich im Glauben *„den Herrn Jesus Christus anziehen"*, aber gleichzeitig auch *„nicht so für uns sorgen, dass wir den Begierden verfallen"* (Römer 13,14). Es ist wichtig, zu wissen, dass unser alter Mensch vor zweitausend Jahren *„mit ihm gekreuzigt worden ist"* (Römer 6,6), aber die Nägel des Kreuzes uns nicht automatisch von der Notwendigkeit, den Appetit zu zügeln, befreien. Die neutestamentlichen Briefe sind darauf bedacht, beide Gesichtspunkte zu unterstreichen: *„Fliehe vor den Begierden der Jugend"* (2. Timotheus 2,22); *„den weltlichen Begierden absagen"* (Titus 2,12); *„haltet euch frei von Eigensucht und Begierde"* (1. Petrus 2,11); *„damit euch der Satan nicht versucht, weil ihr euch nicht enthalten könnt"* (1. Korinther 7,5).

Auf diesen Gedanken der selbstauferlegten Disziplin stützt sich alles biblische Fasten. Wir haben bereits festgehalten, dass das einzige vom Gesetz vorgeschriebene Fasten am Versöhnungstag stattfand. *„Ihr sollt fasten"* (3. Mose 23,27) hatte Gott gesagt. Mürrisch fragte das Volk Israel nach dem erfolglosen Fasten, das Jesaja 58 beschreibt: *„Warum fasten wir, und du siehst es nicht an? Warum kasteien wir unseren Leib, und du willst's nicht wissen?"* David berichtet ebenfalls: *„Ich tat mir wehe mit Fasten"* (Psalm 35,13).

Der Nutzen des Fastens als Mittel zur Beherrschung des Leibes und Unterordnung der Triebe war schon immer bekannt. Der Kodex der Kirche von England von 1562 nennt als erstes Ziel des Fastens „das Züchtigen des Fleisches, dass es nicht zu begehrlich sei, sondern gezähmt und dem Geist unterworfen".

Dieses Prinzip kommt im Leben des früheren methodistischen Predigers William Bramwell klar zum Ausdruck:

> Er erwog die Möglichkeit, nachdem er anderen gepredigt hatte, selbst ein Verworfener zu werden. Durch festgesetztes Fasten, durch beständige Wachsamkeit, durch gewohnheitsmäßige Enthaltsamkeit in allen Dingen hielt er den Körper in Zucht und gewann dadurch an Geist und Kraft.[21]

In einem Brief an einen Freund in Liverpool schrieb er im Jahr 1809:

> Die Methodisten leben im Allgemeinen nicht in diesem erlösten Zustand, weil sie zu lange schlafen, zu viel Fleisch essen, zu viel trinken, zu wenig fasten, sich zu wenig selbst verleugnen, zu viel Unterhaltung mit der Welt pflegen, zu viele Predigten und anderes hören, aber sich zu wenig selbst prüfen und beten.

Man könnte meinen, er habe über eine heutige evangelikale Gemeinde geschrieben. Männer wie Bramwell sind eine ständiger Rüge für unser leichtlebiges, wohlhabendes Zeitalter. Wie nötig haben wir es doch zu wachen, zu beten und zu fasten, wenn wir unsere Körper beherrschen, unsere geistliche Kraft behalten und die Siegeskrone gewinnen wollen!

---

[21] James Sigston, *William Bramwell*

Kapitel 17

Askese heute?

Was lasst ihr euch denn Satzungen auferlegen, als lebtet ihr noch in der Welt: du sollst das nicht angreifen, du sollst dies nicht kosten, du sollst jenes nicht anrühren? ... Es sind der Menschen Gebote und Lehren, die einen Schein von Weisheit haben durch selbsterwählte Frömmigkeit und Demut und dadurch, dass sie des Leibes nicht schonen, nicht aus Ehrfurcht, sondern um des Fleisches Gelüsten zu dienen (Kolosser 2,20-23).

Vielleicht fragt sich der eine oder andere, ob die Betonung des Fastens, der körperlichen Disziplin und Ähnlichem nicht zu einer ungesunden Askese oder sogar zu Fanatismus führen kann. Diese Furcht steckt zum großen Teil hinter der traditionellen Haltung gegenüber dem Fasten in vielen evangelikalen Kreisen, und zwar als Reaktion auf Extremismus. Die meisten von uns sind entweder Extremisten oder Reaktionäre. Der Reaktionär bemüht sich, die Übertreibung des Extremisten zu vermeiden. Dadurch fällt er oft in den entgegengesetzten Irrtum und wird zum Extremisten am anderen Ende. Es ist nicht leicht, eine schriftgemäße geistliche Ausgewogenheit zu wahren.

Was ist Askese? Der Encyclopaedia Britannica zufolge stammt dieser Ausdruck aus dem Griechischen und bedeutet „Übung oder Training zur Erreichung eines Ideals oder eines Zieles" und wurde in Bezug auf Soldaten, Sportler, Studium sowie Tugend und Frömmigkeit gebraucht". So wird er auch im Neuen Testament verwendet. In diesem Sinne können der Herr selbst, die Apostel und jeder disziplinierte Christ als „Asket" bezeichnet werden.

Aber bald wies die Askese Eigenschaften auf, die verkehrt und schädlich waren. Deshalb verbanden die meisten Leute mit diesem

Wort eine extreme Richtung. Das wird auch in der Definition der „Askese" in manchen Bedeutungswörterbüchern deutlich, wo sie als „Ausübung äußerster Selbstdisziplin" bezeichnet wird.[1]

Wir können drei Entwicklungsstufen des asketischen Geistes in der christlichen Kirche unterscheiden. Zunächst war damit die regelmäßige, spezifische Enthaltsamkeit gemeint, die die berechtigten Bedürfnisse des Körpers betreffen. Wenn die Motive stimmen und die Methode biblisch ist, kann das nur gute Resultate hervorbringen. Das Fasten für Gott ist ein passendes Beispiel dafür.

Dann kam der Verzicht auf alle körperliche Bequemlichkeit und auf den normalen mitmenschlichen Kontakt, nach dem Beispiel des Einsiedlers oder Mönches. Die letzte Stufe waren die selbstauferlegten Formen körperlicher Qualen, wie das Tragen eines Büßerhemdes oder Bußgürtels.

Der Geist der Askese, auch im Fasten ausgedrückt, ist aber nicht nur eine besondere Charakteristik des mittelalterlichen Christentums. Er findet sich in den meisten primitiven Religionen, von den Eskimos in Alaska bis zu den Aborigines und Maoris in Australasien. Besonders verbreitet ist die Askese in den fernöstlichen Religionen, z. B. bei den Fakiren und nackten Asketen des Hinduismus. In dieser Entwicklung der Askese können wir die heimtückische Hinterhältigkeit Satans erkennen, sowohl im Christentum als auch im Heidentum, das religiöse Empfinden des Menschen zu verkehren und zu entstellen.

Hinter den fehlgeleiteten Übungen der mittelalterlichen Askese stand eine Irrlehre. Diese stellte Gott als jemanden dar, der Gefallen an Schmerz, Leiden und Entbehrung hatte. Gibt es nicht auch heute noch solche, die annehmen, dass der schwerere Weg notwendigerweise der Wille Gottes sein muss? *„Ich wusste, dass du ein harter Mann bist"* (Matthäus 25,24), fasst diese Vorstellung zusammen, die viele von ihrem himmlischen Vater haben. Jesus erinnerte die Pharisäer allerdings daran, dass Gott Barmherzigkeit will und keine Opfer.

Dazu kommt eine falsche Vorstellung des Menschen von sich selbst, dass er durch strenge Selbstkasteiung für seine Sünden sühnen oder sich bei Gott Verdienste erwerben könne. Dies führte zu der Lehre des „Büßertums" und dass man Sünde durch „Sühne" und

---

[1] *The Oxford English Dictionary*, Oxford University Press. Griechisch *asketes*; aus der gleichen Wurzel wie „asketisch" stammend.

„Verdienste“ wieder gutmachen könne. Hier verbirgt sich der heimtückische Stolz, der sich in seiner Bereitschaft brüstet, Leiden zu ertragen, statt sich des Kreuzes zu rühmen. Das eine „ganze, vollkommene und genügsame Opfer und die Genugtuung für die Sünden der ganzen Welt“[2] benötigt keine Ergänzung durch menschliches Leiden.

Schließlich gibt es noch die falsche Haltung gegenüber dem menschlichen Körper, die davon ausgeht, dass der Körper an sich schon unverbesserlich schlecht sei. Aus diesem Grund sei es notwendig, sich von aller Abhängigkeit von dem Körper zu befreien, um die Reinheit der Seele zu sichern, indem der Körper einer strengen Selbstdisziplin unterworfen wird.[3] Hat der Körper das Verlangen, sich sexuell auszudrücken? Dann muss das durch ein Zölibatsgelübde eisern unterdrückt werden. Verlangt er nach Schlaf? Das muss strengstens unterbunden werden; darum zog die Glocke in der Nacht die Mönche aus ihren Zellen zu ihren Gebetswachen. Verlangt der Leib nach den Annehmlichkeiten des Lebens? Dann muss er für seine vielen Sünden alle möglichen Strapazen erdulden und sogar gefoltert werden.

Im monastischen System, das etwa zu Ende des dritten Jahrhunderts entstand, sehen wir, wie sich diese falschen Ansichten auswirkten. Da gab es den einzelnen Mönch, den Einsiedler, und den „sozialen“ Mönch, der in einer Bruderschaft lebte, in der die asketischen Prinzipien streng eingehalten wurden. In einigen Gemeinschaften war absolutes Schweigen die Regel, und die Mönche schliefen in ihren Ziegenfellkleidern im Sitzen und lehnten alles Waschen ab.

Das Fasten war eines der ersten Dinge, die in den ersten Jahrhunderten der christlichen Ära unter den Einfluss einer rigiden und anspruchsvollen Askese gerieten. Es begann als Formsache, die durch fehlgeleiteten, zügellosen Eifer eingehämmert wurde. Weder Christus noch seine Apostel stellten irgendwelche Regeln für das Fasten auf. Es war eine persönliche Sache zwischen dem Jünger und seinem Meister, unter Berücksichtigung der Bedürfnisse und Umstände. Mit dem Niedergang des lebendigen Christentums wurde immer mehr Wert auf das Äußere statt auf das Innere gelegt. Formelle Frömmigkeit ersetzte die Vollmacht, und die Menschen versuchten, weiser zu

---

[2] *Book of Common Prayer* (Order of Holy Communion).

[3] Diese Gegenüberstellung von Seele und Leib wird „Dualismus“ genannt.

sein als der Allwissende, indem sie Fastenregeln aufstellten, die sie in der Heiligen Schrift nicht finden konnten.

Ein einziges Fasten pro Jahr, nämlich am Versöhnungstag, war alles, was das Gesetz vorgeschrieben hatte. Doch zur Zeit Sacharjas waren es schon mindestens vier pro Jahr (Sacharja 8,19), und zur Zeit unseres Herrn fasteten die Pharisäer schon zweimal pro Woche. Die Kirchengeschichte zeigt eine ähnliche Entwicklung. Was zunächst eine Frage des individuellen Gewissens war, wurde zu einer Gewohnheit, wie z. B. das Fasten am Mittwoch und Freitag, das schließlich zur Pflicht wurde. Handbücher der Unterweisung, die sich angeblich auf apostolische Autorität stützten, machten diese und viele andere Dinge dann zum Gesetz. Diese zunehmende Strenge im Fasten kann man besonders im 4. Jahrhundert beobachten, der Zeit der Konzile und der Organisation, die durch die Beendigung der Verfolgung möglich wurden.

Wir leben heute in einer Zeit der egoistischen Bequemlichkeit und des üppigen Wohlstandes. Wo immer es Gott gefällt, durch seinen Geist zu wirken, gibt es die Gefahr einer scharfen Gegenreaktion auf diesen unbeschwerten und gelassenen Geist, die schnell zu einer unbiblischen Askese führen könnte. Eine solche Neigung – Eifer, der nicht der Erkenntnis entspricht, und Stolz auf eine überlegene Hingabe – ist in uns Menschen einfach latent vorhanden und wartet nur auf die richtigen Bedingungen, um aufzuflammen.

Es gibt nichts grundsätzlich Schlechtes im menschlichen Körper, denn Gott hat ihn geschaffen, auch mit seinen Wünschen und Begierden. Das Verlangen eines hungrigen Mannes nach einer ordentlichen Mahlzeit oder die Sehnsucht einer gesunden Frau nach einem Mann, Kindern und einem eigenen Heim ist an sich nicht schlecht. Der Geist Gottes unterdrückt diese natürlichen Empfindungen nicht, aber er hält sie in Zaum und in den von Gott bestimmten Grenzen. Wir sind nicht aufgerufen, das Feuer im Herd auszulöschen, sondern dafür zu sorgen, dass keine brennenden Kohlen herausfallen und das ganze Haus in Brand setzen. Das Leibliche soll nicht unbarmherzig unterdrückt werden, sondern fest diszipliniert und dem Geistlichen untergeordnet werden.

Wird Askese zu einer äußerlichen Form, die durch von Menschen aufgestellte Regeln aufgezwungen wird, ist sie nicht in der Lage, die körperlichen Begierden wirksam im Zaum zu halten. Demgegenüber ist Selbstdisziplin eine Frucht des Geistes, die aus dem göttlichen Leben in uns entspringt und durch die Haltung eines disziplinierten Lebens kultiviert wird.

> *Was lasst ihr euch denn Satzungen auferlegen, als lebtet ihr noch in der Welt: du sollst das nicht angreifen, du sollst dies nicht kosten, du sollst jenes nicht anrühren? ... Es sind der Menschen Gebote und Lehren, die einen Schein von Weisheit haben durch selbsterwählte Frömmigkeit und Demut und dadurch, dass sie des Leibes nicht schonen, nicht aus Ehrfurcht, sondern um des Fleisches Gelüsten zu dienen* (Kolosser 2,20-23).

Wesley sagte: „Einige haben das religiöse Fasten über alle Schrift und Vernunft hinaus erhöht, andere haben es völlig missachtet.“[4]

Während wir das eine sorgfältig meiden, sollten wir uns vor dem anderen hüten. Der weitaus größere Irrtum unserer Zeit besteht in allzu großer Nachgiebigkeit, die uns erlaubt, unser Fleisch zu verhätscheln, obwohl wir es in Zucht halten sollten, und zu feiern und uns zu amüsieren, während wir fasten und beten sollten.

---

[4] John Wesley, *Sermon 27* (Diskurs 7 zur Bergpredigt, Matt. 6,16-18).

Kapitel 18

Auswirkungen auf den Körper

Der Leib ist ... für den Herrn ... euer Leib ist ein Tempel des Heiligen Geistes ... darum preist Gott mit eurem Leibe (1. Korinther 6,13-20).

In diesem und in den folgenden Kapiteln beschäftigen wir uns hauptsächlich mit dem längeren Fasten und seine Auswirkungen auf den Körper. Auch wenn man nie länger als einen Tag fastet, gibt es doch einiges, das man wissen sollte.

Ist jemand zu einem solchen Fasten berufen, sollte es ihn nicht überraschen, wenn besorgte Verwandte auf diesen Entschluss mit Stirnrunzeln reagieren. Dann kommen meist die verschiedensten „vernünftigen" Argumente, die darauf abzielen, die Person von ihrem törichten Vorhaben abzubringen, und zwar auf Grund der „schlimmen, entsetzlichen" Folgen! Manchmal wirken diese Argumente abschreckender als die eigene Verzagtheit.

Hinter vielen Widerständen gegen das Fasten stehen die weit verbreiteten Missverständnisse, dass wir essen müssen, um zu leben, dass Fasten hungern bedeutet und dass es gefährlich, wenn nicht sogar schädlich ist. Diese Befürchtungen stützen sich auf Unwissenheit über die tatsächlichen Vorgänge im menschlichen Körper während des Fastens, die inzwischen längst erforscht sind.

Natürlich ist Nahrung für die Erhaltung des Lebens notwendig, aber Sauerstoff, Wasser und Schlaf sind noch viel lebensnotwendiger. Der Körper kann nicht länger als ein paar Minuten ohne Sauerstoff leben und nur ein paar Tage ohne Wasser und Schlaf, aber er kann unter normalen Umständen sehr wohl mehrere Wochen lang ohne Nahrung existieren.

So, wie Gott das Kamel mit einem inneren Wasserreservoir ausgestattet hat, damit es in der glühenden Wüste überleben kann, so hat er dem menschlichen Körper eine ihm „eigene Vorratskammer" gegeben.

Ein normal gesunder und gut genährter Körper kann mehrere Wochen lang existieren, ohne dass er durch Nahrungsmangel geschädigt oder handlungsunfähig wird. Während eines längeren Fastens lebt der Körper vom überschüssigen Fett und verhält sich gleichzeitig, als hätte er einen Verbrennungsofen im Innern, der die Schlacken und das tote Gewebe im Leib verbrennt. Erst, wenn dieser Läuterungsprozess beendet ist, beginnt der Körper, seine gesunden lebenden Zellen anzugreifen, und erst hier beginnt der Prozess des Hungerns.

Woher weiß man nun, wann dieser Punkt erreicht ist? Gewöhnlich geht der Körper während des längeren Fastens durch drei Phasen (wobei diese nicht immer klar voneinander unterschieden werden können, da sie sich oft überlappen, und die Dauer einer jeden variiert von Mensch zu Mensch sehr stark).

Die erste Phase ist von einem starken Verlangen nach Nahrung geprägt, die sich ein paar Tage oder sogar länger hinziehen kann. Danach vermittelt der Gedanke an Nahrung wohl ein angenehmes Gefühl, aber das starke Verlangen ist vorüber und die Versuchung ist nicht mehr so stark.

Die zweite Phase ist durch ein Gefühl der Schwäche und Mattigkeit gekennzeichnet, was zwei bis drei Tage oder länger andauern kann. In dieser Zeit scheint es, dass jede Bewegung des Körpers nur nach einer besonderen Willensanstrengung möglich ist. In vieler Hinsicht ist dies der schwierigste Teil des Fastens, und einige müssen sich in dieser Zeit viel ausruhen. Das allmähliche Schwinden dieses Gefühls der Schwäche ist ein Zeichen dafür, dass der Körper die gröbsten Schlacken und Gifte ausgeschieden hat.

In der dritten und leichtesten Phase spürt man zunehmende Kraft, gibt sich wenig oder gar nicht mit dem Gedanken an Nahrung ab und hat nur selten ein Gefühl der Schwäche, das sich aber schnell verflüchtigt. Zu diesem Zeitpunkt erscheint es dem Fastenden, als könne er das Fasten unbegrenzt ohne große Mühe fortsetzen.

Der Abschluss dieser letzten Phase wird durch das Einsetzen von starken Hungergefühlen markiert, wodurch deutlich wird, dass der Ausscheidungsprozess abgeschlossen ist und der Körper beginnt, gesunde Zellen zu verzehren. Das Auftreten von Hunger ist daher die

Warnglocke, die ankündigt, dass der Körper zu hungern beginnt. In manchen Fällen mag dies bereits schon mit dem einundzwanzigsten Tag auftreten, aber sehr oft ist dieser Punkt nicht vor dem vierzigsten Tage oder sogar noch später erreicht. Manchmal wird der Zeitraum vom Beginn der Fastenperiode bis zu dem Zeitpunkt, an dem der Hunger wiederkommt, als „vollständiges Fasten“ bezeichnet.

Wir lesen über unseren Herrn, dass *„er vierzig Tage und vierzig Nächte fastete, und* ***danach*** *war er hungrig“* (Matthäus 4,2). Es ist bedeutsam, dass die Schrift nicht berichtet, dass er *während* des vierzigtägigen Fastens hungerte, sondern erst an dessen Ende. Dies steht in exaktem Einklang mit dem, was wir über den Fastenprozess wissen, und ist somit einer der vielen beiläufigen Beweise für die Wahrheit der inspirierten Niederschriften. Unser Herr hat ganz offensichtlich ein vollständiges Fasten durchgeführt, alle Reserven des Körpers waren aufgezehrt und der echte Hunger setzte ein. Genau an diesem Punkt trat ihm der Satan persönlich gegenüber, der ihn versuchte, Steine in Brot zu verwandeln.

Es ist wichtig für uns, zwischen einem Wunsch oder Appetit nach Nahrung und dem Hunger nach Nahrung zu unterscheiden. Es ist zweifelhaft, ob der Normalbürger in unserer gut genährten Wohlstandsgesellschaft überhaupt weiß, was echter Hunger ist. Die Empfindung von Leere oder Schwäche, welche tief im Magen nagt, wie auch andere Symptome, die man am Anfang eines Fastens erlebt, sind selten wirklicher Hunger. Sie sind eher das Verlangen nach Nahrung, das aus der von uns lang gepflegten Gewohnheit erwächst, 365 Tage im Jahr ohne Unterbrechung dreimal täglich zu essen.

Wenn dem Magen plötzlich das verweigert wird, was er gewohnt war, als sein Recht zu erhalten, neigt er dazu, zu schreien wie ein verwöhntes Kind, dem das Stück Schokolade nach dem Essen verweigert wird. Wirklicher Hunger dagegen ist ein Schrei des ganzen Körpers, nicht aus Gewohnheit, sondern aus der Not. Man könnte also sagen, dass sich der bloße Appetit auf das unmittelbare „Bedürfnis“ des Magens bezieht, der wahre Hunger aber auf das wirkliche Bedürfnis des Körpers.

Es ist seltsam, dass jemand, der an die biblische Offenbarung glaubt, jemals auf die Idee kommen könnte, eine so biblische Praxis wie das Fasten, das von Christus selbst gelehrt und vorgelebt wurde, könne für den Körper schädlich sein, vorausgesetzt, es wird in Übereinstimmung mit der Schrift durchgeführt. Genau das Gegenteil ist der Fall. Das Fasten öffnet einen therapeutischen Prozess, dass sich auf die körperliche Ebene erstreckt. Es erlaubt dem Körper, seinen eigenen natürlichen Reinigungs- und Heilungsprozess in Gang zu setzen.

Appetitlosigkeit ist oft das erste Zeichen einer sich anbahnenden Krankheit. Sie ist aber nicht nur ein Warnsignal, sondern auch ein Wegweiser zur Gesundung. Sie sagt mit anderen Worten: „Höre auf zu essen und gib deinem Körper die Möglichkeit, gesund zu werden."

Die heilende Kraft des Fastens wurde schon in alten Zeiten erkannt und angewandt. Plutarch, der berühmte antike griechische Schriftsteller (ca. 45–125 n. Chr.), bemerkte: „Statt Medikamente zu nehmen, faste einen Tag." In jüngster Vergangenheit wurde dieser Zweig der natürlichen Therapie von Wissenschaftlern in Europa, den USA sowie Großbritannien gründlich erforscht und mit dem „Heilfasten", wie es manchmal auch genannt wird, bemerkenswerte Ergebnisse erzielt.

Wenn auch der geistliche Aspekt dieses Themas viel wichtiger ist, so sind doch die Bedürfnisse des Körpers – seine Gesundheit und sein Wohlergehen –, Dinge, mit denen wir uns ebenfalls befassen müssen. Unser körperliches Befinden kann unser geistliches Leben oft mehr beeinflussen, als wir denken.

Weil die Körper der Gläubigen Tempel des Heiligen Geistes sind, wie uns der Apostel erinnert, und weil sie zu einem solch hohen Preis erkauft sind, sollen wir Gott in ihnen verherrlichen. Wird Gott verherrlicht, wenn sie durch Vernachlässigung der göttlichen Gesetze schwach oder krank sind, die zu ihrem Wohlergehen gegeben wurden? Wird Gott verherrlicht, wenn wir durch Überarbeitung, Über- oder Unterernährung zu „Verletzten" im Kampf werden und es versäumen, unserem Körper seinen „Sabbat" der Ruhe und der Entspannung zu geben?

In einer vom allgegenwärtigen Druck geprägten Zeit, wo der Zusammenbruch von Psyche oder Körper sogar unter bekennenden Christen alltäglich wird, kommt dem körperlichen Nutzen des Fastens für Gott besondere Bedeutung zu. Hier haben wir ein göttliches Rezept für Gesundheit und Heilung, für die Erneuerung von Psyche und Körper, die wir näher betrachten müssen.

Kapitel 19

Heilfasten

Mein Lieber, ich wünsche ... dass du gesund bist (3. Johannes 2).

Deine Heilung wird schnell voranschreiten (Jesaja 58,8).

Gott hat kein besonderes Interesse an Krankheit und Gebrechen. Wir können ruhig sagen, dass es sein prinzipieller Wunsch ist, dass sein Volk gesund ist, wie es auch der Apostel seinem Freund Gaius wünschte. Die Ausnahmen bestätigen nur die Regel. Wenn es nicht so wäre, hätte er den menschlichen Körper nicht mit den ihm eigenen wunderbaren Heilkräften ausgestattet oder seiner Gemeinde den Dienst des Heilens übertragen.

Zu den vielfältigen segensreichen Ergebnissen eines Fastens für Gott zählt auch die Verheißung: „Deine Heilung wird schnell voranschreiten." Handelt es sich hier nun um eine natürliche Heilung, die erst durch das Fasten bewirkt wurde oder geht es hier um eine übernatürliche Heilung? Wir glauben, dass diese Verheißung beide Möglichkeiten einschließt.

Das Fasten ist, wie wir bereits betonten, ein Weg, um uns von der materiellen Welt zu lösen, sodass unser Denken sich in rechter Weise auf Gott und die unsichtbare Wirklichkeit ausrichten kann, in der ER der Mittelpunkt ist. Als unvermeidliche Folge davon wird ein Glaube freigesetzt, der in Hebräer 11,1 mit folgenden Worten beschrieben wird: *„Denn der Glaube ist eine feste Zuversicht auf das, was man hofft, und ein Nichtzweifeln an dem, was man nicht sieht."*

In der Schrift sind einige der machtvollen Taten festgehalten, die Gott über Jahre hinweg durch ganz einfache Männer und Frauen getan hat, die es wagten, ihm zu glauben. Sie haben Königreiche besiegt,

Verheißungen empfangen, Löwenrachen verschlossen, Feuermeere gelöscht und sogar die Auferstehung von Toten gesehen (s. Hebräer 11,33-35). Deshalb verwundert es nicht, dass durch die Wiederbelebung des Glaubens, welches das Fasten mit sich bringt, Gott oft auf übernatürliche Weise diese Verheißung bezüglich Heilung erfüllt.

Es gibt aber auch die natürliche Heilung und Verjüngung des Körpers durch Fasten, die wir im vorausgehenden Kapitel angesprochen haben. Hier steht jedem ein natürlicher Segen zur Verfügung, an dem alle teilhaben können, die eine angemessene Zeit lang fasten.

Als David und seine Leute nach den Amalekitern suchten, die Ziklag überfallen und niedergebrannt hatten, fanden sie einen Ägypter, der auf dem offenen Feld lag. Er war der Sklave eines Amalekiters und war drei Tage zuvor krank geworden, von seinem Herrn dort zurückgelassen, um zu sterben. Drei Tage und drei Nächte lang hatte er weder gegessen noch getrunken. Nachdem er gestärkt worden war, konnte er nicht nur seine Geschichte erzählen, sondern David und seine Männer auch zu dem Stamm bringen, den sie suchten (1. Samuel 30,11-15). Anscheinend hatte das dreitägige Fasten ihn geheilt.

Es wird wohl niemand bestreiten, dass in Ländern, wo Nahrungsmittel reichlich vorhanden sind, weit mehr Menschen durch übermäßigen Genuss erkranken als durch Unterernährung. Der Edwin-Smith-Papyrus, der etwa auf ein Alter von 3700 Jahren geschätzt wird, zitiert einen ehemaligen ägyptischen Arzt: „Der Mensch isst zu viel. Er kann jedoch von einem Viertel leben, was er verzehrt. Allerdings leben die Ärzte von den restlichen drei Vierteln."

James Morrison schreibt in „Christianity Today": „Es gibt eine Vielzahl von gesundheitlichen Beschwerden, die ihre Ursache in übermäßigem Essen haben und durch Fasten ausgemerzt werden könnten."[26] Zweifelsohne gibt es Krankheiten, die geheilt oder besser noch verhindert werden könnten, auch würde der Gesundheitszustand sich verbessern, wenn das Fasten mit veränderten Essgewohnheiten einherginge. Nichts ahnend schaufelt sich der Mensch weiterhin mit Messer und Gabel sein Grab.

Wir haben bereits über die tiefe geistliche Läuterung gesprochen, die das für Gott geweihte Fasten charakterisiert. Dieser Vorgang im geistlichen Bereich ist – oft auf unangenehme Weise – gleichzeitig im

---

[26] Zitiert in einem Artikel von J. H. Blackmore, *A Plea for Fasting.*

körperlichen Bereich erfahrbar. Die Läuterung der Seele spiegelt sich in der Reinigung des Körpers wider. Die Ablagerung von überschüssigem Fett, die Schlacken und das tote Gewebe werden verdaut und ausgeschieden.

Da keine neuen Speisen eingenommen werden, braucht sich der Körper nicht länger mit der Aufnahme von Nahrung zu beschäftigen, sondern er kann sich auf den Vorgang der Eliminierung bzw. der Reinigung konzentrieren. Obwohl das in der Anfangszeit eines längeren Fastens deutlicher zutage tritt, in der der Gewichtsverlust größer ist, setzt sich dieser Vorgang doch bis zum Schluss fort.

Dr. Buchinger, ein deutscher Spezialist für das Heilfasten, gebraucht als Illustration einen Alaska-Bauern, der durch winterliche Schneefälle von der Umwelt abgeschnitten ist und dessen Brennstoff immer spärlicher wird. Er sieht sich zunächst nach Abfallholz, kaputten Möbelstücken, alten Zeitungen und Büchern um. Danach muss er entscheiden, was er für Heizzwecke weiter opfern kann. Erst nachdem alles, was nicht unbedingt notwendig ist, verbraucht worden ist, wird er brauchbare Möbel verheizen. Er erklärt diese Analogie wie folgt:

> Je wertloser das Material, desto weniger reut seine Verbrennung im Feuer des Stoffwechsels. Nachdem aber das überschüssige Fett, Unreinheiten und totes Gewebe aufgebraucht sind, kann die Substanz des Körpers nicht mehr so großzügig behandelt werden … Der fein abgestimmte innere Mechanismus führt seine Arbeit erstaunlich präzise aus, wie ein Chirurg, der ohne Messer arbeitet. In dieser Phase werden gefährliche, hartnäckige Ablagerungen angegriffen. Erst nachdem die verborgenen Winkel alle gesäubert sind, muss der Organismus das wertvolle verbleibende Gewebe angehen, um den Stoffwechsel während des Fastens aufrecht erhalten zu können.[27]

An diesem Punkt sollte man natürlich das Fasten abbrechen. Nur derjenige, der diesen Vorgang persönlich erfahren hat, kann sich zutiefst mit David identifizieren, wenn er sagt: *„Ich tat mir **wehe** mit Fasten"* (Psalm 35,13). Es ist tröstlich zu wissen, dass die Unannehmlichkeiten, die wir in den ersten Phasen des längeren Fastens ertragen müssen,

[27] Otto H. F. Buchinger, *About Fasting – A Royal Road to Healing*. Thorsons Publishers Ltd.

eine wertvolle Läuterung des Körpers bewirken, von den geistlichen Wohltaten einmal ganz abgesehen. Das sollte uns durch die stürmischen Gewässer auf dem Weg in ruhigere Gefilde helfen, die danach folgen.

Wie uns die medizinischen Experten versichern, sind die Poren der Haut, der Mund, die Lungen, die Nieren, die Leber und natürlich auch der Darm in diesen körperlichen Frühjahrsputz miteinbezogen. Der unangenehme Geschmack im Mund, die belegte Zunge und der Mundgeruch gehören alle zu diesem Vorgang.

Ein bekanntes Symptom ist das „Fasten-Kopfweh", das meist durch die Reaktion des Körpers auf den plötzlichen Verzicht auf Tee und Kaffee verursacht wird, ein mildes Entzugssyndrom im Bemühen des Körpers, ohne die Droge Koffein auszukommen. Diejenigen, die keine solchen stimulierenden Mittel zu sich nehmen, haben diese Schwierigkeiten nicht. Das Kopfweh kann aber auch andere Ursachen haben. Manche neigen zu Schlaflosigkeit, vorübergehenden Bauchschmerzen, Übelkeit, Schwindel und natürlich Schwäche.

Wir können nicht mit denen übereinstimmen, die uns glauben machen wollen, dass Fasten einfach oder angenehm sei, etwas, das unserem Wesen entgegenkommt, wie manche Leute behaupten. Wir sehen in der Bibel auch keinen Anhaltspunkt dafür, dass Gott dies so gewollt hat; ganz im Gegenteil. Es ist eine körperliche und geistliche Medizin. Ganz gleich, wie kunstvoll der Apotheker die Pille mit Zucker überzieht, kommen wir zu dem Urteil: „Unangenehm, aber gut für dich!"

Worin besteht nun der allgemeine körperliche Nutzen? Dieser Reinigungsvorgang eines längeren Fastens bewirkt gewöhnlich strahlende Augen, einen reinen Atem, reine Haut und ein Gefühl körperlichen Wohlbefindens. Der Verdauungsapparat wird wie neu. Ein Reichgottesarbeiter erklärte nach nur fünftägigem Fasten: „Es ist mir, als ob ich einen ganz neuen Magen bekommen hätte." Eine Verdauungsschwäche, die ihn jahrelang geplagt hatte, war verschwunden.

Die Sinnesorgane des Körpers, besonders der Geschmacks- und Geruchssinn, neigen dazu, erneuert und geschärft zu werden, und die geistigen Kräfte werden beachtenswert vital und klar. Was auch der körperliche Nutzen des Fastens sein mag, es muss betont werden, dass dieser Nutzen verlorengeht, wenn nicht die Ursachen unserer Krankheit – zum Beispiel schädliche Ess- oder Lebensgewohnheiten – beseitigt werden.

Ob wir gesund sind oder nicht: Es ist notwendig, nach dem Willen Gottes zu fragen, bevor wir uns zum Fasten entschließen, insbesondere wenn es ein längeres Fasten sein soll. Außerdem haben wir es nötig, unsere Ziele und Motive abzuklären und uns zu vergewissern, was immer wir an Gesundheit und Heilung erhoffen, dass es uns in erster Linie um sowohl die Ehre Gottes als auch um die geistlichen Ziele geht, die auf dem Spiel stehen.

Kapitel 20

Wie man ein Fasten beginnt

Gib uns den Willen, das hervorzubringen, was wir fühlen,
gib uns die Kraft, das zu schaffen, was wir erkennen,
gib uns die Entschlossenheit,
ausgerüstet mit der Schärfe des Schwertes, den Kampf zu führen.

John Drinkwater

Demjenigen, der nicht nur bloßes akademisches Interesse an diesem Thema hat oder lediglich mit theoretischem Wissen zufrieden ist, sondern glaubt, dass Gott von ihm möchte, dass er hiervon einiges in die Tat umsetzt, geben wir hier ein paar einfache Ratschläge. Sowohl beim Fasten als auch beim Beenden des Fastens gibt es einige Fallen, die wir vermeiden sollten. Wir beschäftigen uns hier nicht mit all den praktischen Fragen, die besonders beim längeren Fasten auftauchen. Wir haben versucht, diesbezügliche Fragen in Anhang 1 zu beantworten. Hier geht es uns hauptsächlich darum, den Anfänger anzuleiten und ihn zu ermutigen.

Wenn du noch niemals gefastet hast, beginne nicht gleich mit einem 40-tägigen Fasten, wenn du nicht absolut sicher bist, dass Gott dies von dir möchte. Der Körper gewöhnt sich allmählich an das Fasten, und Gott verlangt gewöhnlich nicht von uns, dass wir rennen können, bevor wir gehen oder erst einmal krabbeln gelernt haben. Beginne mit einem Teilfasten (Kapitel 4) oder faste einen Tag bis zum Abendessen. Das nächste Mal kannst du das Fasten bis kurz vor dem Zubettgehen ausdehnen und es mit einer leichten Mahlzeit oder Obst beenden. Wenn du einen Tag fasten kannst, ohne dich schwach oder ausgehungert zu fühlen (damit ist nicht gesagt, dass du keinen Hunger verspürst!), kannst du, wenn Gott es will, auch länger fasten, z. B. 3, 5 oder 7 Tage. Manchmal werden durch längeres Fasten geistliche, aber auch körperliche Ziele erreicht, die durch das kürzere Fasten nicht erreicht werden. Aber je länger das Fasten ist, das dir vorschwebt, desto sicherer solltest du sein, dass Gott das von dir möchte.

Hüte dich davor, andere einfach nachahmen zu wollen, ganz gleich, wie geistlich sie auch sein mögen. Hüte dich davor und bete, dass du dich nicht von fleischlicher Begeisterung mitreißen lässt. Denke daran, dass Askese genauso „fleischlich" sein kann wie übermäßiger Genuss; Ersteres ist eine Sünde des Geistes, Letzteres eine Sünde des Leibes. Als die Pharisäer fasteten, wandte sich der Himmel ab.

Wenn das Fasten mehrere Tage dauern soll, sind wir versucht, übermäßig zu essen, bevor wir damit beginnen. Die Kühe, flüstern wir uns selber zu, wurden vor den sieben Hungerjahren sicher gut gefüttert und gemästet! Es ist weitaus besser, unseren Willen im Voraus dem Kampf der Selbstdisziplin zu beugen; das wird den späteren Konflikt erleichtern.

Manche raten, wenn es ein mehrtägiges Fasten werden soll, am letzten Tag vor dem Fasten nur frisches Obst zu essen. Dr. Buchinger, der dies empfiehlt, begründet dies damit, dass der „Obsttag" dafür sorgt, dass die letzte Mahlzeit, die im Darm verbleibt, aus Obst besteht, und damit weniger fäulniserregend ist als andere Speisereste.[28]

Es ist klug, sich schon einige Tage vor dem angesetzten Fasten von Tee und Kaffee zu enthalten, um die Entzugskopfschmerzen zu überwinden, bevor man startet. (Am besten ist es, zu diesen Gewohnheiten überhaupt nicht mehr zurückzukehren oder zumindest äußerst mäßig.) Abgesehen davon musst du dich vor allem gedanklich als auch mit dem Herzen vorbereiten.

Es ist von größter Wichtigkeit, dass du diese geistliche Übung unter Berücksichtigung der in den früheren Kapiteln dieses Buches dargelegten Prinzipien und der Merkmale, die das biblische Fasten kennzeichnen sollen, angehst. Es kann hilfreich sein, dir die folgenden Fragen zu stellen:

---

[28] Otto H. E Buchinger, *About Fasting – A Royal Road to Healing*. Thorsons Publishers Ltd.

1. Bin ich davon überzeugt, dass der Wunsch zu fasten von Gott stammt? Möchte Gott von mir ein normales oder ein Teilfasten? *„Jesus wurde vom Geist in die Wüste geführt“* (Matthäus 4,1).
2. Stimmen meine Motive? Habe ich den verborgenen Wunsch, andere zu beeindrucken? *„Euer Vater, der ins Verborgene sieht, wird euch belohnen“* (Matthäus 6,6).
3. Was sind meine geistlichen Ziele bei diesem Fasten?
   - Persönliche Heiligung oder Hingabe?
   - Fürbitte? Welche besonderen Anliegen?
   - Göttliches Eingreifen, Führung oder Segen?
   - Geistliche Fülle für mich oder andere?
   - Die Gebundenen zu lösen?
   - Um den göttlichen Zorn aufzuhalten und Erweckung zu bringen?

   „Ich jage nach dem vorgesteckten Ziel“ (Philipper 3,14).
4. Sind meine Ziele selbstsüchtig? Wird mein Wunsch nach persönlichem Segen durch meine echte Sorge für andere ausgeglichen? *„Ein jeglicher sehe nicht auf das Seine, sondern auf das, was des andern ist“* (Philipper 2,4).
5. Bin ich entschlossen, mit diesem Fasten vor allem dem Herrn zu dienen? *„Sie dienten dem Herrn und fasteten“* (Apostelgeschichte 13,2).

Du solltest damit rechnen, dass eine Fastenzeit für dich, eine Zeit des Konflikts mit den Mächten der Finsternis sein wird, wie es auch für deinen Meister war. Satan wird oft versuchen, deinen körperlichen Zustand auszunutzen, um dich anzugreifen. Eine seiner Waffen ist die Entmutigung. Schütze dich davor, indem du einen Geist des Lobpreises aufrechterhältst.

Lies Epheser 6 und mache dir die ganze Waffenrüstung Gottes zu Nutze, dann wirst du unverwundbar sein gegenüber den Machenschaften Satans. Mach insbesondere Gebrauch vom Schild des Glaubens, um alle seine feurigen Pfeile auszulöschen. Benutze im Nahkampf das Schwert des Geistes und erkläre dem Satan: *„Es steht geschrieben ...“* Proklamiere den Sieg deines großen Heerführers über alle Fürsten und Gewalten.

Begehe nicht den Fehler, die Wirksamkeit deiner Fürbitte nach deinen Gefühlen zu beurteilen, denn die Zeiten intensiven Betens und Fastens sind in dieser Beziehung oft mühevoller, nicht leichter, und statt größerer Freiheit wirst du oft größere Bedrängnis erfahren. Häufig geschieht gerade dann Entscheidendes. Das ist Kampf. Das ist himmlische Kriegsführung. Dein Heerführer hat dir keinen Spaziergang, sondern einen Kampf versprochen. Er gab dir Waffen, mit denen du siegen kannst. Die Resultate wirst du oft erst später sehen, aber die Verheißung gilt: *„Dein Vater, der ins Verborgene sieht, wird dir's vergelten."*

Geh hin von Kraft zu Kraft,
ringend, kämpfend, betend;
tritt finstere Mächte nieder,
siegend im guten Kampf!

Charles Wesley

Kapitel 21

Wie man ein Fasten beendet

Sie gaben ihm Brot zu essen und Wasser zu trinken und gaben ihm ein Stück Feigenkuchen und zwei Rosinenkuchen. Und als er gegessen hatte, kam er wieder zu sich; denn er hatte in drei Tagen und drei Nächten nichts gegessen und kein Wasser getrunken (1. Samuel 30,11-12).

Ein ein- oder zweitägiges Fasten zu beenden, bereitet keine Schwierigkeiten. Es ist aber äußerst wichtig zu wissen, wie man ein längeres Fasten beendet und wie nicht, um Schmerzen und Beschwerden zu verhindern. Deshalb befasst sich dieses Kapitel damit, wie man ein längeres Fasten ganz praktisch beendet.

Die Bibel gibt keinen Aufschluss darüber, wie die Leute ihr Fasten beendeten; vielleicht auch deshalb, weil diese Dinge jedem bekannt waren, denn das Fasten war in biblischen Zeiten bei Menschen anderer Religionen wie auch bei den Juden und Christen etwas ganz Normales. Jedenfalls gewinnt man den Eindruck, dass das Fasten sowie das Beenden eines Fastens keine komplizierte Sache war. Wir sollten daher versuchen, dieses Thema so einfach und natürlich wie möglich zu halten, damit die Betonung auf dem Geistlichen bleibt.

Die Kunst, ein Fasten richtig zu beenden, liegt darin, den Körper so rasch und problemlos wie möglich zu seiner gewohnten Tatkraft, als auch die Verdauungsorgane zu ihrer normalen Tätigkeit zurückzuführen. Wenn der Hunger erwacht, während der Körper noch vorübergehend unfähig ist, normale Nahrungsmengen zu verkraften, ist es lebensnotwendig, den Appetit zu bezähmen und zu zügeln, bis der Körper eine volle Mahlzeit vertragen kann. Diese Prüfung der Selbstdisziplin ist ähnlich groß, wie die in den früheren Stadien des Fastens;

damals verringerte sich der Heißhunger mit jedem neuen Tag, nun vermehrt er sich.

Da diese Zeit schwierig ist und weil man nach dem Fasten ja meistens so rasch wie möglich zum normalen Arbeitspensum zurückkehren muss, sollte diese Übergangsperiode nicht unnötig in die Länge gezogen werden. Wenn nach dem Fasten aus gesundheitlichen Gründen nicht eine besondere Diät eingehalten werden muss, verträgt der Körper innerhalb von acht bis 14 Tagen nach dem längsten Fasten und innerhalb einer Woche bei Fasten von bis zu 21 Tagen in der Regel jede Art von Nahrung; allerdings wird der Umfang der Nahrungsaufnahme sehr viel geringer sein als vor dem Fasten.

Aus der Schrift geht nicht hervor, dass dem biblischen Fasten eine längere Zeit der Diät folgte, bevor man zur täglichen Routine überging. Es gibt überhaupt keine Anhaltspunkte dafür, dass die Übergangsperiode der Länge des Fastens entsprechen muss. Würde man darauf bestehen, wie manche es tun, so würde das bedeuten, dass das Fasten unnötigerweise um einen entsprechenden Zeitraum bis zur Rückkehr zur normalen Nahrungsaufnahme gekürzt werden müsste, weil ja die Gesamtzeit, die man dafür einräumt, in der Regel begrenzt ist.

Dr. Herbert Shelton, der in Amerika jahrelang ein Privatinstitut für Heilfasten unterhielt, dürfte wohl eine der größten Experten auf diesem Gebiet sein. Er hat in 45 Jahren über 30.000 Fasten von Menschen jeglicher Altersstufen überwacht, die von ein paar Tagen bis 90 Tage gedauert haben. Er ist der Meinung, dass jeder gesunde Mensch nach einem Fasten von 21 oder mehr Tagen innerhalb einer Woche wieder normal essen kann.[29]

Ob nun die Übergangsperiode kürzer oder länger ist, so stimmen in jedem Fall alle überein, dass größte Vorsicht geboten ist. Das beruht auf der Tatsache, dass zwei wichtige Dinge während des längeren Fastens im Verdauungsapparat geschehen sind. Erstens ist der Magen allmählich so geschrumpft, dass er am Ende auf gar keinen Fall die frühere Kapazität für Nahrungsaufnahme besitzt und schon die kleinste Menge Essen ein erstaunliches Völlegefühl bewirkt. Zweitens haben die Organe des Körpers, die gewöhnlich mit der Verdauung beschäftigt sind, den Vorteil ihrer Ferien ausgenutzt und sind in eine Art Winterschlaf verfallen, der immer tiefer wird, je länger das Fasten andauert.

---

[29] Herbert M. Shelton, *Fasting Can Save Your Life*. Natural Hygiene Press, Inc

Im Hinblick auf diese beiden Tatsachen sollte besonders sorgfältig darauf geachtet werden, *wie viel* du isst, *was* du isst und *wie* du isst. Dem Magen muss genügend Zeit gelassen werden, wieder auf seine normale Größe zu kommen, auch wenn diese durchaus kleiner bleiben kann als vor dem Fasten. Auch die anderen Verdauungsorgane müssen sanft und allmählich dazu bewegt werden, aufzuwachen und sich normal zu betätigen. Je länger der „Winterschlaf" gedauert hat, desto mehr Zeit müssen wir für den Aufwachprozess einplanen.

Wann sollte das Fasten beendet werden? Manchmal wird Gott uns schon zu der Zeit, in der er uns zum Fasten auffordert, ganz spezielle Hinweise dafür geben. Oft wird dies einfach auch durch die Umstände und unsere Verpflichtungen bestimmt. Andererseits können wir auch während des Fastens Hinweise dafür erhalten, wie in dem im nächsten Kapitel dargestellten Fall.

Sobald du den Willen Gottes in dieser Sache kennst, hüte dich vor der Versuchung des Teufels, der dich durch Schwierigkeiten und Entmutigung dazu veranlassen will, das Fasten vorzeitig zu beenden. Es gibt in der Schrift das tragische Beispiel eines Propheten, den Gott mit einer wichtigen Mission betraut und ihm unmissverständlich gesagt hatte, er solle fasten, bis seine Mission beendet sei. Der Feind verführte ihn dazu, das Fasten vor der Zeit zu beenden, was furchtbare Konsequenzen nach sich zog (s. 1. Könige 13).

Man könnte das Fasten natürlich mit irgendeiner Nahrung beenden, doch manche Nahrungsmittel eignen sich offensichtlich besser als andere. Die zwei entscheidenden Fragen sind, was der Körper am besten verdaut und was ihn im gegenwärtigen Stadium am besten und schnellsten wieder zu seinen gewohnten Kräften bringt.

Fast alle Experten stimmen darin überein, dass ein normales Fasten (das heißt bei Wasser allein) von einer gewissen Dauer am besten mit Obst- oder Gemüsesäften beendet wird, möglichst nicht konserviert (Dosen oder Flaschen), sondern aus frischen Früchten oder frischem Gemüse. Viele bestätigen, dass sich Zitrusfrüchte am besten eignen. Das trifft sicher in Ländern zu, wo Orangen und Grapefruits etc. in gereiftem Zustand gepflückt werden. Wo sie aber importiert werden, muss die Frucht im nicht gereiften Zustand geerntet werden und der Saft ist dann oft zu säurehaltig. Apfel-, Tomaten- oder Traubensaft sind mögliche Alternativen, oder auch reine Zitrussäfte aus sonnengereiften Früchten.

Beginne zunächst mit einer kleinen Menge, etwa einem halben Glas, wenn nötig mit Wasser verdünnt, alle 2-3 Stunden am ersten Tag. Diese Menge kann allmählich gesteigert werden und zum Schluss kannst du die Frucht selbst genießen. Jetzt kann auch Milch hinzukommen, vor allem in Form von Joghurt, der zusammen mit dem Obst eingenommen werden kann und sehr nützlich ist.

Frische Salate (ohne Salatsoße), selbstgemachte Gemüsesuppen (kein Fett) und gekochtes Gemüse können nun den Speiseplan bereichern. Was neu hinzukommt, sollte immer zuerst in kleinen Mengen aufgenommen werden, die sich ganz allmählich vergrößern.

Als Nächstes kann Knäckebrot oder Vollkornbrot mit wenig Butter zu den Mahlzeiten gegessen werden. Kuchen, Gebäck und Kekse sollte man meiden. Mit stärkehaltigen Lebensmitteln solltest du in dieser Phase sehr vorsichtig sein. Eiweiß wird am besten zunächst in Form von Käse, Eiern oder Nüssen aufgenommen; erst ganz zum Schluss in Form von Fisch und Fleisch. Wie schnell man den Speisezettel in Vielfalt und Menge ausweitet, hängt von der Dauer des Fastens ab und davon, wie gut dein Körper damit zurechtkommt.

Es ist äußerst wichtig, langsam zu essen und die Speise so gut zu kauen, dass sie als Brei geschluckt wird. Man sollte beim ersten Zeichen von Völlegefühl aufhören, auch wenn die Portion noch nicht aufgegessen ist. Unwohlsein nach einer Mahlzeit ist ein Zeichen dafür, dass man langsamer vorangehen und gegebenenfalls die nächste Mahlzeit ausfallen lassen sollte. Hier ist Selbstdisziplin gefordert.

Es ist in dieser Zeit auch wichtig, so viel wie möglich zu ruhen, um dem Körper Gelegenheit zu geben, sich auf die Verdauung und den Gewöhnungsprozess zu konzentrieren. Widerstehe der Versuchung, zu schnell wieder aktiv zu werden. In Anhang 1 werden noch weitere praktische Hinweise zur Beendigung des Fastens gegeben.

Halte dich am besten an diese goldenen Regeln:

1. Achte auf die Mengen.
2. Esse langsam und kaue gut.
3. Höre beim ersten Warnsignal auf.
4. Ruhe so viel wie möglich.
5. Versuche nicht, zu früh zu viel zu tun.

An diesem Punkt tun wir gut daran, gedanklich und im Gebet unsere zukünftigen Essgewohnheiten unter die Lupe zu nehmen. Sicherlich wollen wir nicht zu unserem früheren, von Undiszipliniertheit geprägten Lebensstil zurückkehren, weder zum übermäßigen Essen, noch zum Essen zwischen den Mahlzeiten oder ungesundem Essen – das zwar den Gaumen kitzelt, aber dem Körper nicht guttut. Es kann natürlich sein, dass wir darauf keinen Einfluss haben. Die Frage ist jedenfalls: „Was tue ich, wenn ich die Wahl habe?“ Auf jeden Fall müssen wir nicht nur darauf achten, was wir essen, sondern auch auf andere Dinge. Ein paar einfache Empfehlungen findest du in Anhang 2.

In dieser Phase der Wiederaufnahme von Nahrung können wir es uns nicht leisten, uns geistlich auszuruhen; das sollten wir nur körperlich tun. Wir müssen dauernd auf der Hut sein, weil der „Dieb“ immer noch auf der Lauer liegt. Hüte dich, über dein Fasten zu sprechen, weder über die Dauer noch über die Erfahrungen, die du vielleicht gemacht hast, damit du *„im Verborgenen fastest“,* wie Christus es angeordnet hat.

Diese Zeit sollte eine Zeit der Ermutigung und Stärkung sein, in der du im Gebet in Dingen, die Gott dir gezeigt hat, einen Durchbruch hast. Es kann sein, dass deine Fürbitte freier ist als während des Fastens. Spätestens jetzt solltest du die Früchte dieser gottgeweihten Zeit sehen, mit überströmendem Segen nicht nur für dich selbst, sondern auch für alle, für die du gebetet hast.

Dies sollte wirklich wie ein Frühling in deiner Seele und auch in deinem Körper sein. Es ist, als würde dein Geliebter sagen: *„Der Winter ist vergangen, der Regen ist vorbei und dahin. Die Blumen sind aufgegangen im Land und die Turteltaube lässt sich hören in unserem Lande“* (Hohelied 2,11-12). Neuer Glaube, neue Hoffnung, neue Liebe für Gott und die Menschen, neue Vorsätze, allein und uneingeschränkt zu seiner Ehre zu leben – all dies sollte auf dem Altar deiner Seele brennen, geschürt von dem Feuer der Fürbitte.

So wirst du, wie dein Herr und Meister, aus deiner Wüstenzeit des Fastens *„in der Kraft des Geistes“* zurückkehren, in der Erwartung, dass die Werke Gottes und die Tugenden Christi sich in dir zeigen, wie es bei ihm war.

Wahrlich, wahrlich, ich sage euch: Wer an mich glaubt, der wird die Werke auch tun, die ich tue, und wird größere als diese tun, denn ich gehe zum Vater. Und was ihr bitten werdet in meinem Namen, das will ich tun, auf dass der Vater verherrlicht werde in dem Sohn (Johannes 14,12-13).

Kapitel 22

Tagebuch eines Fastens

Ein guter Freund des Autors hat ihm dieses Tagebuch über ein 21-tägiges Fasten zur Verfügung gestellt. Selbstverständlich sind dies nur Auszüge aus dem Tagebuch, weil es da vieles gab, was nicht veröffentlicht werden kann, weil es nur den Schreiber und seinen Herrn angeht. Was aber berichtet wird, geschieht zur Verherrlichung Gottes und zu unserer Wegweisung und Ermutigung. Wir vereinbarten, dass diese Aufzeichnungen anonym veröffentlicht werden.

Vieler der grundlegenden Gedanken, die wir bisher betrachtet haben, sind praktisch umgesetzt: die eindeutige Führung; die Versorgung mit materiellen Gütern während dieser Zeit; die Betonung des Wortes Gottes; der Geist des Lobpreises bei körperlichen Beschwerden; der tiefe, persönliche Umgang mit Gott; die Betonung der Fürbitte; konkrete Gebetserhörungen und die täglich wechselnden körperlichen Empfindungen.

Wer nur Augen für das Sensationelle hat, wird vielleicht enttäuscht sein. Denn der Schreiber dieses Tagebuchs fühlte sich, von ein oder zwei Ausnahmen abgesehen, nicht geleitet, das, was er im übernatürlichen Bereich erfahren durfte, niederzuschreiben. Gott kann zwar in solchen Zeiten seine Gegenwart auf außerordentliche Weise spürbar machen, doch sollten wir sie nicht erstreben, als wären solche Erfahrungen der entscheidende Kern. Der Wert eines Fastens sollte nicht danach beurteilt werden, wie viel Spektakuläres oder Dramatisches es gibt, sondern wie viel soliden, dauerhaften Gewinn für das Reich Gottes. Gemessen daran wird das hier aufgezeichnete Fasten sicherlich einen bedeutenden Platz in der himmlischen Wertschätzung einnehmen.

Vorbereitung

1. April

Der Herr legt mir aufs Herz, ihn eine längere Zeit unter Fasten zu suchen. Deshalb lasse ich in der Vorbereitung auf diese Zeit Tee und Kaffee weg. Ich brauche vom Herrn eine eindeutige Offenbarung seines Willens für die Zukunft, eine tiefere Erkenntnis Gottes und Versorgung für die Arbeit im Reich Gottes, für die besondere Fürbitte nötig ist. Heute wurde mir ein Buch über Gebet und Fasten geschenkt. Ich dankte dem Herrn für diese Bestätigung. Nun muss ich noch Gewissheit darüber haben, wann ich anfangen soll.

2. April

Ich habe das Buch über Gebet und Fasten gelesen und viel daraus gelernt.

4. April

Beim Gebet fragte ich heute den Herrn, wann ich mit dem Fasten beginnen soll. Der 24. des Monats wurde meinem Herzen eingeprägt. Er wird es bestätigen.

5. April

Im Gebet bat ich Gott heute, den 24. zu bestätigen. Nach dem Gebet ging ich die Post holen. Es war ein Brief von R. dabei, der schrieb, dass der Herr ihm den 24. des Monats aufs Herz gelegt habe. Er wisse zwar nicht, warum, wollte es mir aber schreiben, falls dieses Datum für mich von Bedeutung sei. Halleluja! Dies bestätigt das Datum.

8. April

Als ich heute mit meiner Frau betete, erwähnte sie einen Vers, der ihr von einer Freundin gegeben wurde: „*Bleib in Ephesus bis Pfingsten*" (1. Korinther 16:8). Als ich im Kalender nachsah, bemerkte ich, dass es 40 Tage waren vom 24. April bis Pfingstmontag. Weiterhin redete der Herr heute zu mir durch die Lesung in Hesekiel 3,24-27: „*Und der Geist kam in mich und stellte mich auf meine Füße. Und er redete mit mir und sprach zu mir: Gehe hin und schließ dich ein in deinem Haus! Und du, Menschenkind, siehe, man wird dir Stricke anlegen und dich damit binden, dass du nicht unter die Leute gehen kannst. Und ich will dir die Zunge an deinem Gaumen kleben lassen, dass du stumm wirst und sie nicht mehr zurechtweisen kannst; denn sie sind ein Haus des Widerspruchs. Wenn ich aber mit dir reden werde, will ich dir den Mund auftun, dass du zu ihnen sagen sollst: So spricht Gott der Herr! Wer es hört, der höre es; wer es lässt, der lasse es; denn sie sind ein Haus des Widerspruchs."*

Der Geist bezeugte mir dies. Die Fastenzeit soll hier zu Hause stattfinden. Auch der übrige Teil dieser Schriftstelle trifft ebenfalls auf die gegenwärtigen Umstände zu.

23. April

Der Herr sprach zu mir durch Daniel 10,12: *„Von dem ersten Tag an, als du von Herzen begehrtest zu verstehen und anfingst, dich zu demütigen vor deinem Gott, wurden deine Worte erhört"* (hier folgt eine Aufzählung der Dinge, die der Herr seit dem 1. April als Antwort auf Gebet getan hatte).

Erster Tag (24. April)

Ich las im Buch der Chronik, wie Salomo sich vornahm zu bauen, wie er mit dem Bauen begann und wie er das Werk zu Ende brachte. Heute ist der Tag des Anfangs. Habe viel gearbeitet und studiert und bin vor dem Herrn stille gewesen. A. kam mit einem Sack Kartoffeln, einer großen Kiste mit Lebensmitteln und £ 25 Bargeld. Wie gütig ist doch der Herr, dass er so liebevoll für die Familie sorgt. Einige Besucher kamen und mehrere riefen an. Habe ungefähr sechs Tassen warmes Wasser getrunken. Fühle mich wohl. Ging um 22.00 Uhr zu Bett.

Zweiter Tag

Fürbitte für viele Dinge heute (aufgezählt im Tagebuch) und für das Land … Viele Gedanken kamen mir aus dem Wort. Fünf Besucher baten zu verschiedenen Zeiten um seelsorgerlichen Rat. Phasenweise Hunger. Habe acht Gläser Wasser getrunken. Arbeitete zwölf Stunden und widmete mich dann noch einigen Besuchern. Wachte in der Nacht mit Unwohlsein auf, schlief aber im Großen und Ganzen gut.

Dritter Tag

Verbrachte viel Zeit im Warten auf den Herrn, in der Fürbitte und im Wort. Hatte mehrere Besucher. Viel Arbeit erledigt. Schwächegefühle mit gelegentlichen Hungerkrämpfen. Der Körper reagiert in verstärktem Maße auf die Kälte. Habe beträchtliche Mengen heißes und kaltes Wasser getrunken.

Vierter Tag

Heute geschah Bedeutungsvolles in der Begegnung mit anderen, was die Erfüllung dessen ist, was der Herr vor einiger Zeit angekündigt hat. Es ist wunderbar, wie der Herr in diesen Tagen Leute schickt, und zu sehen, wie er seine Pläne verwirklicht. Wurde beim Lesen der Bergpredigt sehr gesegnet. Habe alle Anweisungen Jesu aufgeschrieben, die wir befolgen sollen. Freiheit im Gebet.

Mehr körperliches Unbehagen und ein starkes Gefühl der Kälte. Keine wirklichen Hungeranfälle. Konnte das Frühstück ohne Versuchung für die Familie zubereiten.

Fünfter Tag

Im Wort geforscht und gebetet. Habe Tozers *Wingspread,* die Biografie von A. B. Simpson, gelesen. Dieser Mann musste einen Weg „ohne Ansehen“ gehen, aber Gott gründete durch ihn eine der größten Missionsgesellschaften, die „Christian and Missionary Alliance“.

Bis jetzt der beschwerlichste Tag mit Rückenschmerzen und allgemeinem Schwächegefühl und Übelkeit. Muss wohl alles ein Teil des inneren Entgiftungsprozesses sein. War mental weniger aufnahmefähig, aber der Herr ist meine Stärke.

Sechster Tag

Ein weiterer Arbeitstag, harren auf den Herrn und Fürbitte. X. rief an, um eine Sache mit mir zu bereinigen, die er aus Menschenfurcht getan hatte. Der Herr segne ihn – die Demütigen segnet er immer. Der Diener des Herrn muss sich nicht abrackern – Gott verwirklicht seine herrlichen Ziele –, wir haben den Schlüssel: das Gebet. Immer noch unwohl und schwach heute, aber ich betrachte alles als Freude, weil alles in seinem Plan inbegriffen ist.

Siebter Tag

Wenn ich auch Freiheit im Gebet habe, weiß ich, dass es noch eine viel tiefere Ebene in der Fürbitte zu erreichen gilt. Ich glaube, der Herr schickt Mittel für das Werk als Antwort auf Gebet. A. kam heute Nachmittag zu Besuch und wir hatten zwei Stunden Gemeinschaft miteinander und weinten vor dem Herrn in Gebet und Fürbitte.

Eine grundsätzliche körperliche Besserung. Einige Male schwach und ein Gefühl der Schwere. Seit Beginn des Fastens überhaupt kein Kopfweh gehabt. Merkliche Gewichtsabnahme.

Achter Tag

Verbrachte den größten Teil des Tages mit Dingen, die das Werk betreffen und im Gebet. Habe das Büchlein gelesen: *„What really happened at Azusa Street"* (Was in der Azusa-Straße tatsächlich passierte), ein Bericht über das Wirken des Heiligen Geistes in Amerika zu Beginn dieses Jahrhunderts. Fünf Freunde kamen abends zu Besuch und wir hatten eine wunderbare Zeit in der Gegenwart des Herrn. Wir beteten für einige, die sich in großer Not befinden und für das Land. Die Gegenwart des Herrn war deutlich spürbar. Einige Gaben des Heiligen Geistes waren im Einsatz.

Heute ging eine entscheidende Wendung im Körper vor sich, ein Gefühl des Wiedererstarkens. Ich trinke weiterhin täglich große Mengen Wasser. Kann nicht behaupten, dass kein Wunsch nach Essen besteht, aber es ist kein Heißhunger.

Neunter Tag

Große Freiheit in der Anbetung und tiefe Zerknirschung, als der Heilige Geist mich einen Blick auf das Leiden des Herrn werfen ließ. „Was sind diese Wunden in deinen Händen?" Er wurde für meine Übertretungen verwundet. Wie entsetzlich ist die Sünde! Ich möchte einen größeren Hass auf sie haben.

Geistig heute viel frischer und fühle mich viel besser, nur kurze Schwächeanfälle.

Zehnter Tag

Habe mein Herz heute gründlich erforscht. Mir wurde die Verderbtheit des Herzens gezeigt. Preis den Herrn für das Blut Christi. Viel

Arbeit erledigt. Mehrere Besucher gehabt. X. meldete sich – er wurde befreit. Gott antwortet auf Gebet. A. bat auch ums Gebet – der Herr schickt Leute. Ich werde kräftiger. Trinke täglich fünf bis sechs Gläser Wasser, meistens warm.

Elfter Tag

Wieder ein Tag der Fürbitte für das Volk und für das Werk in anderen Ländern. A. kam heute wieder und wir hatten kostbare Zeit im Gebet. S. und ich suchten am Abend gemeinsam den Herrn, mit großer Freiheit.

Fühle mich sehr viel stärker. Der Körper hat abgenommen, aber das Herz ist erfüllt von seiner Güte. Schlafe etwa acht Stunden pro Nacht.

Zwölfter Tag

In diesen Tagen ist vieles in Erfüllung gegangen von dem, was Gott in Hesekiel und mir persönlich vor Jahren gesagt hat, als er mich rief: *„Auch wenn sie wider dich streiten, können sie dir doch nichts anhaben; denn ich bin bei dir, spricht der Herr, dass ich dich errette“* (Jeremia 1,19). Ich bin dankbar dafür, dass wir in Liebe für diejenigen beten können, die uns widersprechen. *„Wir ruhen auf dir, unserem Schild und Verteidiger.“*[30] A. kam wieder zu Besuch und wir beteten gemeinsam. Habe im Buch Daniel gelesen; der Herr redete mit mir bezüglich Daniels 21-tägigem Fasten. Ich weiß, dass ich 40 Tage im Harren auf den Herrn zubringen soll; er wird mir die Dauer des Fastens anzeigen. Bin bereit für alles, was er mir offenbaren wird. Körperlich war dies der bislang beste Tag – fühle mich stark, trinke weiterhin sechs und mehr Gläser Wasser pro Tag.

Dreizehnter Tag

Das Harren auf den Herrn steht im Vordergrund. Nachdem Daniel drei Wochen gefastet hatte, wurde ihm offenbart, was dem Volk in den letzten Tagen widerfahren sollte. Ich suche nach seinem Willen, was unsere Missionsarbeit im Land … fördern könnte.

[30] Engl. Kirchenlied.

Der Herr sorgt treu für alle Bedürfnisse. Ich fühle mich immer kräftiger, spüre kein Unwohlsein. Preis den Herrn!

Vierzehnter Tag

Heute kam Post aus … Habe für dieses Land gebetet, und hier ist eine Erhörung bezüglich der Zukunft. Wurde durch das Buch von Andrew Murray „*Waiting on God*" (Harren auf den Herrn) gesegnet.

Körperlich wieder ein guter Tag. Keine Schwächegefühle. Ich habe mich gewogen – in 14 Tagen habe ich 9 Kilo abgenommen.

Fünfzehnter Tag

Ein guter Arbeitstag. Zwei Freunde waren zu Besuch, wir hatten eine gewinnbringende Zeit in Gebet und Gespräch. Es ist wunderbar, die Gebetserhörungen in den Sachen, für die wir gebetet haben, zu erleben. Fast jeden Tag schickt der Herr Gaben für unsere evangelistische Arbeit.

Scheine mich stabilisiert zu haben. Keine Schwäche, nur gelegentliches Gefühl des Unwohlseins, doch nur für sehr kurze Zeiten.

Sechzehnter Tag

Habe heute viel gearbeitet und im Wort studiert. Wie kostbar ist das Wort Gottes und welch ein segensreicher Lehrer ist der Heilige Geist! Habe über das Wirken Johannes des Täufers und Elias gelesen. Wie dringend brauchen wir doch heute die Stimmen der Prediger in der Wüste, die auf das Lamm Gottes weisen.

Sonst ein gewöhnlicher Tag.

Siebzehnter Tag

Tag der Fürbitte für das Werk. Ich hatte einen konkreten finanziellen Bedarf. Heute Abend schickte der Herr jemanden mit dem genauen Betrag für diese Sache vorbei. Preis den Herrn! Man wartet nicht umsonst auf den Herrn oder vertraut ihm vergeblich. Ich hatte eine tiefe Gebetslast für dieses Land – wie Daniel, als er um sein Volk trauerte.

Leichtes Unwohlsein heute und manchmal fühle ich mich etwas träge, doch es gibt so viel, ihn für seine Gnade zu preisen, die mich trägt. Das ist keine Prüfung, wie lange ich durchhalte, sondern eine herrliche Erfahrung dessen, was es heißt, dass Gott allein genügt.

Achtzehnter Tag

Preis den Herrn für einen weiteren Tag, an dem ich seine Kraft erfahren durfte. Der Herr schickte über £ 200 für das Werk. Hatte große Freiheit im Gebet und in der Fürbitte. Körperlich ein guter Tag.

Neunzehnter Tag

Ständig werde ich an Daniels 21-tägiges Fasten erinnert. Der Herr wird es mir zeigen. Wurde sehr durch das Lesen der Schrift im Buch der Chronik und im Lukasevangelium gesegnet. X. kam zu Besuch und wir suchten gemeinsam den Herrn. Habe in diesen Tagen diese Gemeinschaft so geschätzt. Ich erhielt von ihm das Buch von Watchman Nee: *„The Normal Christian Church Life"* (Das normale Gemeindeleben). Wie sehr brauchen wir eine neue Sicht auf Christus und seine Gemeinde.

Ein guter Tag. Es kommt einem so vor, als ob man noch lange so weiter fasten könnte, wenn der Herr es wollte. Überhaupt kein Verlangen nach Nahrung. Trinke weiterhin etwa sechs Glas Wasser täglich. Wer hat je behauptet, Wasser sei geschmacklos?

Zwanzigster Tag

Das Gleichnis des reichen Mannes in Lukas 12 hat mich heute mit seiner Botschaft sehr beeindruckt: *„So geht es dem, der sich Schätze sammelt und nicht reich ist für Gott." „Du Narr!"* – Gott helfe uns, für ihn reich zu sein. Weitere Gebetserhörungen. A. kam wieder zur Gebetsgemeinschaft. D. kam vorbei und stellte mir im Gespräch Fragen zu Daniel 10. Er wusste nicht, dass ich mich wegen des 21-tägigen Fastens mit diesem Kapitel beschäftigte; ich glaube, es kam vom Herrn, dass er dies erwähnt hat.

Ansonsten ein normaler Tag, außer kurzen Momenten leichten Schwindels. Fühle mich stark.

Einundzwanzigster Tag

Gnädiges Reden Gottes durch 1. Chronik 22,11-19. Ich glaube, ich soll das Fasten morgen beenden. Er kennt das Programm, das er für mich im nächsten Monat vorbereitet hat. I. kam heute aus W. Wir hatten eine gute Gebetsgemeinschaft miteinander.

Beendigung des Fastens

1. Tag

Stand um 2 Uhr morgens auf, um zu lesen und zu beten. Bat den Herrn um Bestätigung, ob ich das Fasten beenden solle. Als Bestätigung gab der Herr seinen Frieden. Ging wieder zu Bett und am Morgen gab er mir noch eine weitere Bestätigung seines Willens. Ausgefüllter Tag – weitere Gebetserhörungen. Tiefe Fürbitte, auch mit Weinen für dieses Volk.

Beendete das Fasten mit etwas Apfel- und Orangensaft, mit Wasser verdünnt, und dazu etwas Tomatensaft. KEINE feste Nahrung.

2. Tag

Ich glaube, die vergangenen drei Wochen haben mich auf diesen Tag vorbereitet. Der Herr gab mir eine große Last für dieses Volk, während ich ihn suchte, und eine Vision von einem großen brennenden Berg, und aus dem Innern dieses Berges kam das Gericht Gottes. Ich schrie zu Gott um Erbarmen über dieses Land und bat ihn, er möge sein Gericht zurückhalten, bis eine Erweckung käme. Ich weiß, dass der Herr mich erhört hat. Ich kann diesen Tag nicht mit Worten beschreiben. Er ist der Gott, der Gebet erhört, ein Gott der Barmherzigkeit.

Habe heute Fruchtsäfte getrunken. Fühle mich körperlich sehr kraftvoll und geistig äußerst wach.

Die Rückkehr zu einem vollen und normalen Speiseplan ging allmählich vonstatten. Es dauerte etliche Wochen, bis ich mein normales Gewicht wieder hatte, aber ich hatte keine körperlichen Beschwerden, sondern meine Gesundheit hat sich verbessert.

Im Rückblick

Der Zweck des Fastens lag schwerpunktmäßig nicht im Empfangen, sondern im Geben – durch das Harren auf Gott im Gebet und in der Fürbitte. Das Hauptanliegen war, für das Land … sowie für die Evangelisation eines anderen Volkes zu beten. Es genügt zu wissen, dass Gottes Absichten erfüllt wurden. Es ist Belohnung genug, die

Freude seiner Gegenwart und Gemeinschaft mit dem Herrn erfahren zu haben.

Es wurde seit jenen Tagen des Gebets und Fastens sichtbar, dass der Dienst der Befreiung für andere zugenommen hat und bisweilen eine neue Vollmacht im Predigen des Wortes zutage getreten ist. Es wurden neue Türen für den Dienst in anderen Völkern aufgetan und das Gebet und die Fürbitte wurden spürbar intensiviert. Es bringt jedoch nichts, hier in einer Rückschau zu verweilen, sondern wir müssen einen Tag nach dem anderen leben und dabei *„auf Jesus schauen, den Ursprung und Vollender unseres Glaubens“* (Hebräer 12,2). Fasten und Beten waren ein fester Bestandteil des Lebens unseres Herrn, während er auf dieser Erde lebte, und *„wer sagt, dass er in ihm bleibt, soll auch wandeln, wie er gewandelt ist“* (1. Johannes 2,6).

Kapitel 23

In den letzten Tagen

Ich will meinen Geist ausgießen (Joel 3,1).

Ich will meine Gemeinde bauen (Matthäus 16,18).

Ich will wiederkommen (Johannes 14,3).

Um am Plan Gottes mitwirken zu können, müssen wir diesen Plan verstehen. Es gibt drei Thematiken, die wohl mehr als alle anderen zu heißen Debatten zwischen ernsthaften Christen geführt haben: die Lehre vom Heiligen Geist, die Lehre von der Gemeinde und die Lehre vom Wiederkommen Christi (mit den damit verbundenen Ereignissen). Das überrascht einen nicht, wenn man glaubt, dass diese Lehren die Schlüssel für Gottes Plan mit dieser Welt enthalten. Satan kann es sich nicht leisten, diese Schlüssel einfach und ohne Kampf der Gemeinde zu überlassen, da mit ihnen der Untergang des Reiches der Finsternis besiegelt ist. Aber selbst das eifrige Bemühen Satans, die Gläubigen in diesen Dingen zu spalten, können Gottes Pläne nicht zunichtemachen.

Es ist höchst bedeutsam, dass in den letzten Jahrzehnten ein weltweites Interesse am Wirken des Heiligen Geistes aufgekommen ist, besonders an der Ausgießung des Heiligen Geistes, die zu Erweckungen führt. Dies hat viele scharfsinnige Menschen dazu veranlasst, die Lehre von der Gemeinde neu zu überdenken. Wenn wir den neuen Wein des Geistes haben wollen, wie sieht dann der neue Weinschlauch aus? Zudem veranlasst der rapide Wandel der kirchlichen Situation, die von der Ökumene dominiert wird, viele Menschen dazu, Gottes ursprünglichen Plan für seine Gemeinde im Neuen Testament neu zu untersuchen.

Wie steht es mit den unerfüllten Prophetien und mit dem Wiederkommen Christi? Ein allgemeines Interesse an dieser Thematik wird sich mehr und mehr zeigen. Wir wollen nun sehen, wie eng diese drei gewichtigen Schlüssel mit dem Fasten verbunden sind.

Die Ausgießung des Geistes

Viele Gläubige unserer Tage machen eine Erfahrung mit der Kraft und den Gaben des Heiligen Geistes, die sie verwandelt. Viele andere, die davon überzeugt sind, dass eine umfassende Ausgießung des Geistes in Erweckungskraft die einzige Antwort auf die geistliche Not dieser Stunde ist, berufen sich auf die Verheißung Joels, die Petrus am Pfingsttag zitierte: *„Und es soll geschehen in den letzten Tagen, spricht Gott, da will ich ausgießen von meinem Geist auf alles Fleisch."*

Was sollen wir dazu sagen? Waren die Pfingstereignisse damals schon die ganze Erfüllung der Weissagung Joels? Offensichtlich nicht, sonst hätte es keine weiteren Ausgießungen des Geistes gegeben. Oder liegt die letzte Erfüllung in der Zukunft, wenn die Gemeinde nicht mehr hier ist? Petrus sagte, es würde *„in den letzten Tagen"* geschehen. Leben wir heute nicht in der Zeit, die die Schrift als die *„letzten Tage"* bezeichnet?

Einige sagen, die endgültige Erfüllung gelte ausschließlich den Juden. Aber die Verheißung sagt: *„auf alles Fleisch"*, und Petrus bestätigte dies, als er sagte: *„Denn diese Verheißung gilt euch und euren Kindern (Juden) und allen, die ferne sind (Heiden)"* (Apostelgeschichte 2,39). Er selbst war später Zeuge von der Ausgießung des Geistes auf die Heiden und erklärte: *„Der Heilige Geist kam auf sie wie auf uns am Anfang"* (Apostelgeschichte 10,44). Wenn also der frühere Regen die Heiden mit einbezog, warum sollte es der spätere Regen nicht tun?

Fast alle sind sich darüber einig, dass die Gemeinde eine Ausgießung des Geistes dringend nötig hat. Sollen wir annehmen, dass die Verheißung Joels in dieser Situation keine Bedeutung hat? Sind diese offensichtlich spontanen Bitten um die Ausgießung des Geistes überall auf der Welt völlig fehlgeleitet und außerhalb des Willens Gottes? Was sonst ist die Antwort auf die Unfruchtbarkeit und Ohnmacht der Gemeinde, wenn nicht eine Heimsuchung von oben.

Wenn wir jedoch glauben, dass diese wunderbare Verheißung *uns* gilt, dass sie tatsächlich Gottes Antwort auf die gegenwärtige Not ist, dann ist es äußerst wichtig, dass wir sowohl die Bedingungen erfüllen als auch um die Erfüllung dieser Verheißung bitten. Dreimal lässt Joel angesichts des bevorstehenden Tages des Herrn einen durchdringenden Aufruf ergehen, *mit Fasten* zu Gott zurückzukehren (Joel 1,14; 2,12.15). Dann scheint er in einer Vision die Antwort Gottes zu sehen: „*Dann wird der Herr um sein Land eifern und sein Volk verschonen*“ (2,18). Er wird ihnen Befreiung und Wohlergehen also gewähren und dann seinen Geist auf alles Fleisch ausgießen. Haben wir überhaupt ein Recht, die Erfüllung dieser wunderbaren Verheißung zu erwarten, ohne die Bedingungen zu erfüllen? Haben wir schon gebetet „*von ganzem Herzen, ja unter Fasten*“? Haben wir je unter Tränen gebetet? Haben die Priester, die Diener des Herrn, je zwischen dem Kirchenschiff und dem Altar geweint? Diese verheißene Ausgießung erfordert von uns sowohl Fasten als auch Gebet.

Die Wiederherstellung der Gemeinde

Etwa 500 Jahre vor Christus erkannte Daniel beim Studium von Jeremias Weissagungen, dass die Zeit gekommen war, zu der Gott sein Volk nach Jerusalem zurückbringen würde (s. Daniel 9,2; Jeremia 29,10). Darum suchte er Gott im Gebet unter Fasten in Sack und Asche und bat um die Erfüllung der Verheißung. In sein Flehen mischte sich das Bekenntnis, dass Gott sein Angesicht über sein verwüstetes Heiligtum leuchten lassen möge.

Dieses Fastengebet Daniels setzte die Räder in Bewegung, die zu einem der bemerkenswertesten Dekrete führten, die ein heidnischer Herrscher je verordnet hatte. Cyrus gab bekannt, dass Gott ihn beauftragt habe, ihm ein Haus in Jerusalem zu bauen, und dass die Juden, die sich angesprochen fühlten, nach Jerusalem gehen und das Haus des Herrn wiederaufbauen sollten (s. Esra 1,1-4). So kehrten die ersten Juden aus der Verbannung unter Serubbabel zurück, um den Tempel wieder aufzubauen. Wieder einmal hatten Gebet und Fasten unter der gütigen Hand Gottes den Lauf der Geschichte verändert. Später, bei der Rückkehr unter Esra, spielte das Fasten wieder eine Rolle für die sichere Ankunft der Verbannten mit ihren kostbaren Sendungen für das Haus Gottes (s. Esra 8,21-23).

Im Alten Bund hatte Gott einen Tempel für sein Volk; im Neuen ist sein Volk sein Tempel. Wenn wir heute auf die Gemeinde blicken, die geistliche Wohnung Gottes, wird deutlich, wie sehr wir eine geistliche Erneuerung brauchen! Wären die ersten Christen noch unter uns, könnte Gott wohl fragen: *„Wer ist unter euch noch übrig, der das Haus in seiner früheren Herrlichkeit gesehen hat? Und wie seht ihr's nun? Sieht es nicht wie nichts aus?"* (Haggai 2,3). Um die Gemeinde zu ihrer früheren Kraft und Herrlichkeit zu bringen, ist keine geringere Umwandlung notwendig als diejenige, die vor langer Zeit im Tempel unter Serubbabel und Esra notwendig war. Hat Gott sein Volk nicht ermutigt mit den Worten: *„Es soll die Herrlichkeit dieses neuen Hauses größer werden als die des ersten gewesen ist"* (Haggai 2,9)?

Die Ausgießung des Geistes genügt noch nicht. Der neue Wein braucht heute einen neuen Schlauch, genau wie damals, als er am Pfingsttag ausgegossen wurde. Die Erneuerung des Hauses Gottes ist unumgänglich. Sie kostete diese Männern des Alten Testamentes tiefe Fürbitte mit Fasten und Tränen. Bilden wir uns ein, sie billiger zu bekommen – durch Sitzungen, Gespräche und Komitees?

Die Wiederkunft Christi

Unser Ziel ist weder die Ausgießung des Geistes noch die Erneuerung der Gemeinde. Unser Ziel ist nicht weniger als *„der Siegespreis unserer hohen Berufung in Christus Jesus"* (Philipper 3,14). Die größte Hoffnung der Gemeinde ist die Verheißung der Wiederkunft des Herrn vom Himmel. Er sagte zu seinen Jüngern: *„Ich werde wiederkommen."* Dieses Kommen ist offensichtlich nicht geistlich, sondern wörtlich gemeint, ein sichtbares Kommen, so wie die Engel es den Aposteln auch mitteilten: *„Dieser Jesus, der von euch weg in den Himmel aufgenommen wurde, wird auf dieselbe Weise wiederkommen, wie ihr ihn habt zum Himmel fahren sehen"* (Apostelgeschichte 1,11).

Hier ist sie: Die wunderbare, glorreiche Erfüllung aller Zeiten, für die alles Vorausgehende nur Vorbereitung war. Sehnen wir uns nach seiner Wiederkunft? Teilen wir die Sehnsucht seines Herzens nach dem kommenden Tag seines Sieges und seiner Krönung? Wenn er uns an jenem Tag zur Rechenschaft über unsere Talente aufruft, müssen wir ihm dann bekennen, dass die Gabe des Fastens ungenutzt blieb, dass wir dieses kostbare anvertraute Gut vergraben haben?

Fasten öffnet also den Weg für die Ausgießung des Geistes und die Wiederherstellung des Hauses Gottes. Heute, da der Bräutigams noch abwesend ist, drückt das Fasten die Erwartung seiner Wiederkunft aus. Bald wird der Mitternachtsruf erschallen: *„Siehe, der Bräutigam kommt! Auf, geht ihm entgegen!"* (Matthäus 25,6). Dann wird es für das Fasten und Beten zu spät sein. Die Zeit dafür ist jetzt.

Sie fasteten

Er weilte mit Fasten, Beten und Lobsingen,
des Himmels Gnade für sein Volk zu erringen,
auf dem Berge Sinai, mit strahlendem Blick,
zu wenden der störrischen Menschheit Geschick.

Einst selbst erhoben aus der Tiefe Schlamm,
als der Sturm von Widerstand ihm entgegenkam,
betete der Soldatenkönig oft in seinem Leben,
durch Fasten und Singen, dem Herrn ergeben.

Ein Seher von großartigen göttlichen Gesichten,
konnte dem König über seinen Traum berichten,
und was Gott ihm zeigte in prophetischer Schau,
durch Fasten und Beten deutete er ihm genau.

Die Prophetin wollte im Tempelhof rasten,
und sah den Knaben, den die beiden gebracht,
um ihn war sie schon lang mit Beten und Fasten
und besonderer Fürbitte beim Herrn bedacht.

Er kam, das Joch der Sünden zu vernichten,
doch eh' seinen Auftrag er konnte verrichten,
traf er den Feind und durfte ihn besiegen,
beim Fasten und Beten, ohne ihn zu bekriegen.

Sondert diese aus, hatte der Geist geboten,
ein Quell, der zum reißenden Strom sich erhoben,
brach hervor durch Männer, beim Fasten und Beten,
und die zum Herrn mit ihren Lobgesängen flehten.

So werden sie fasten, wenn ich von ihnen gegangen,
war dies kein Wort, dem jedermann sollte anhangen?

Frage unzählige Heilige, die kämpften und siegten,
allen Widerstand durch Beten und Fasten bekriegten.

Wenn wir aber an jenem großen Tag vor ihm stehen,
und Rechenschaft geben über das, was geschehen,
wird er uns fragen, ob wir in unserem irdischen Leben,
dem Beten mit Fasten auch Raum gegeben.

Arthur Wallis

Anhang 1

Fragen und Antworten

1. Wann das Fasten nicht zu empfehlen ist: Gibt es Krankheiten oder Umstände, die das Fasten nicht ratsam erscheinen lassen?

Fasten ist nicht zu empfehlen in Fällen extremer Unterernährung oder nervlichen Erschöpfungszuständen, außer für sehr kurze Zeit. Diabetiker sollten ebenfalls nicht fasten, besonders wenn Insulin gespritzt wird. Auch für Schwangere ist es nicht ratsam. Wer Zweifel hat, ob er fasten kann, sollte unbedingt ärztlichen Rat einholen.

2. Fasten während der Arbeit: Kann man fasten und gleichzeitig seiner Arbeit nachgehen?

Das hängt von der Art der Beschäftigung und der Länge des Fastens ab; es ist bei jedem verschieden. Ein Fastentag sollte bei keiner Art von Arbeit Schwierigkeiten machen. Es gibt Hausfrauen und Mütter, die von drei und mehr Fastentagen profitierten, während sie den Haushalt versorgten, Mahlzeiten zubereiteten etc., und alle verfügbare Zeit dem Gebet widmeten. Es gibt körperlich schwer arbeitende Menschen, die ohne schädliche Nebenwirkungen längere Zeit gefastet haben; normalerweise kann dies aber nicht empfohlen werden. Ideal ist es, während einer solchen Zeit so frei wie möglich zu sein, um Gott suchen und sich auch genügend ausruhen zu können.

3. Fasten bei Untergewicht: Ist es unklug zu fasten, wenn man an Untergewicht leidet?

Dr. H. Shelton erklärt, dass diejenigen, die an Untergewicht leiden, nach einem längeren Fasten normalerweise wieder auf ihr Normalgewicht kommen. Überernährung und Gewichtsabnahme gehen oft Hand in Hand. Wenn die Verdauungsorgane nicht in Ordnung sind, kann man zu viel essen und doch wenig verarbeiten. Durch das Fasten wird dies oft geheilt, sodass ein solcher Mensch hinterher oft weniger isst, dafür aber mehr verarbeitet und so das Gewicht wieder normal wird.

4. Durchschnittliche Gewichtsabnahme: Wie viel verliert man gewöhnlich pro Fasttag?

Das ist bei jedem Einzelnen sehr verschieden. Bei einem längeren Fasten ist die Kurve der täglichen Gewichtsabnahme zuerst steiler, dann erreicht sie ein Plateau. Ein üblicher Durchschnitt ist ca. 1 Kilo pro Tag, später etwa ein halbes Kilo. Übergewichtige können viel mehr verlieren. Vorausgesetzt, man gönnt sich ausreichend Ruhe, ist das Fasten das sicherste, wirksamste und gewiss das natürlichste Mittel zur Gewichtsabnahme.

5. Fasten und der Darm: Soll man während des Fastens Abführmittel nehmen oder Einläufe machen?

Der Darm, ein ca. 7,5 m langer gewundener Schlauch, braucht etwa 24 Stunden, um sich zu entleeren. Es kann sehr wohl vorkommen, dass er nach den ersten Tagen aufhört zu arbeiten, weil er nicht durch neue Nahrungsaufnahme angeregt wird. Manche empfehlen deshalb, am ersten Fastentag Glaubersalz (2 Esslöffel auf ½ Liter warmes Wasser) einzunehmen und dann in regelmäßigen Abständen Einläufe zu machen. Abführmittel sollte man während des Fastens nicht nehmen. Dr. Shelton zieht es vor, die Natur ohne Abführmittel und Einläufe selbst walten zu lassen. Er ist der Ansicht, dass der Darm arbeitet, wenn es nötig ist; ansonsten tut ihm eine Ruhepause auch gut. Das scheint die einfachere und natürlichere Weise zu sein, die auch in biblischen Zeiten praktiziert wurde. Während einer längeren Fastenzeit können Speisereste bis zu 3 Wochen lang im Darm bleiben; da aber keine Nahrung aufgenommen wird, kann es auch nicht zu einer „Verstopfung" kommen.

Nach einem längeren Fasten kann es einige Tage dauern, bis der Darm seine Tätigkeit wieder aufnimmt. Wie schon gesagt, sollte man hier einfach geduldig warten und dem Darm Zeit lassen. Danach funktioniert er meistens besser und regelmäßiger als zuvor. Manchen hilft es, morgens als erstes Pflaumen oder Feigen zu essen und täglich Zuckersirup (Melasse) zu trinken.

6. Fasten im Winter: Ist es ratsam, im Winter zu fasten?

Beim Fasten steht nur zweitklassiges Brennmaterial für die Verbrennung zur Verfügung, weshalb die gewöhnliche Körperwärme nicht erzeugt wird. Darum reagiert der Körper viel schneller auf die äußere Kälte. Wenn man sich warmhält, kann man auch ruhig im Winter fasten.

7. Schwindelgefühl: Kann man das Schwindelgefühl während des Fastens irgendwie verhindern?

Meistens ist dies nur ein vorübergehendes Symptom. Manchmal wird es auch durch einen raschen Wechsel der Körperstellung hervorgerufen, besonders durch Aufsitzen nach dem Liegen. Man sollte sich in diesem Fall einfach langsamer bewegen.

8. Schlaflosigkeit. Kann man etwas gegen die Schlaflosigkeit tun?

Sie kommt unter Umständen daher, dass der Verstand überaktiv ist. Man sollte daher jede hochkonzentrierte geistige Tätigkeit vor dem Schlafengehen meiden und der Versuchung widerstehen, tagsüber zu schlafen (man sollte sich aber aus ruhen).

9. Mundgeruch: Was kann man gegen einen schlechten Atem tun?

Man kann sich Erleichterung durch die Einnahme von wenigen, in warmem Wasser gelösten Tropfen Pfefferminzöl verschaffen.

10. Wasser trinken: Wie viel Wasser sollte man während der Fastenzeit trinken?

Manche empfehlen, so viel wie möglich zu trinken, in der Annahme, dass dies den Ausscheidungsprozess durch Ausschwemmen fördert. Es bestehen aber Zweifel an der Richtigkeit dieser Annahme. Es ist besser, den Bedürfnissen des Körpers gemäß zu trinken. Wasser in kleinen Schlucken zu trinken, hilft außerdem, das Verlangen nach Speise als auch gelegentliche Schwächegefühle abzuwehren. Es kann heiß, kalt (aber nicht gekühlt) oder lauwarm getrunken werden. Eine Scheibe Zitrone im Wassergefäß nimmt ihm den metallenen Geschmack.

11. Praktische Maßnahmen: Was sollte man noch in der Fastenzeit beachten?

Man sollte täglich duschen oder baden mit warmem, aber nicht mit heißem Wasser; tief durchatmen, mit besonders gründlichem Ausatmen; regelmäßige Gymnastik (nicht zu anstrengend), außer bei großer Schwäche.

12. Falsche Eindrücke: Kann der Fastende nicht auch Eindrücken und Stimmen unterworfen sein, die nicht von Gott stammen?

Das ist wahr. Fasten macht empfindsam für die geistliche Welt, sowohl die göttliche als auch die satanische. Aber nur, wenn Satan bereits einen Zugang zum Leben des Menschen hat, wird dieser satanischen Eindrücken unterworfen, wenn er fastet. Auf diese Weise wird manchmal erst deutlich, dass Satan überhaupt Zugang zu einem Menschen hat, und so wird das Fasten zum ersten Schritt in der Befreiung dieses Menschen. Wo solche Zugänge nicht vorhanden sind, haben wir nichts zu befürchten, wenn wir demütig vor Gott bleiben und mit der himmlischen Waffenrüstung bekleidet sind. Gott hat das Fasten nicht dazu erdacht, um uns für Satan verwundbar zu machen.

Anhang 2

Gesunde Ernährung

Das umfangreiche Gebiet der Ernährungswissenschaft geht weit über die Grenzen dieses Buches hinaus. Gleichwohl sensibilisiert das Fasten unsere Aufmerksamkeit für diszipliniertes Essen – sowohl was wir essen, als auch wie wir essen. „Manche Leute essen, um zu leben; andere leben, um zu essen." Manche haben beim Essen hauptsächlich ihre Gesundheit im Sinn, andere befriedigen ausschließlich ihren Appetit. Ungesundes Essen ist einer der Gründe, dass sich Krankheiten entwickeln können. Gott, dem Höchsten, unserem Schöpfer, der uns unseren Körper gegeben hat, schulden wir es, diesen so fit wie möglich zu halten, um ihm damit zu dienen.

In der Frage, was wir essen sollen, können wir uns an folgendem apostolischen Rat orientieren: *„Esset alles, was euch vorgesetzt wird und forschet nicht nach!"* (1. Korinther 10,25). Wenn wir die Wahl haben, dann sollten wir uns – ohne extrem oder fanatisch zu werden – lieber für gesunde Nahrungsmittel entscheiden, statt für solche, die nur unseren Gaumen kitzeln. Dieser Gedanke ist sicherlich im Rat des Apostels enthalten, zur Ehre Gottes zu essen und zu trinken.

In der heutigen Gesellschaft entwickelt sich mehr und mehr die Überzeugung, dass der Mensch die Natur in seinem wissenschaftlichen Labor nicht nur nachahmen, sondern noch verbessern kann. Das trifft besonders auf die Nahrungsmittelindustrie zu. Was wir heute essen und trinken, ist verpackt, verarbeitet, verfeinert, haltbar gemacht, entwässert, pasteurisiert oder sonst auf irgendeine Art und Weise chemisch bearbeitet – angeblich zu unserem Wohl und zu unserer Sicherheit!

Aus unzähligen Erfahrungen in diesem Zusammenhang sagt Dr. Herbert Shelton:

> Die Nagelprobe für ein Lebensmittel ist meines Erachtens seine Eignung für den Nährstoffbedarf des menschlichen Organismus, der gerade von einer längeren Fastenkur kommt. Bei all meinen Erfahrungen mit der Ernährung habe ich festgestellt, dass nichts, was von den Lebensmittelherstellern synthetisch hergestellt wird, den unberührten Produkten aus Gärten, Obstwiesen und den Feldern gleichkommt … Ich kann nicht genug betonen, wie wichtig es ist, täglich frisches, ungekochtes Obst und Gemüse zu essen.[31]

Zum Schluss noch einige bewährte Regeln für eine gesunde Ernährung:

1. Iss nur so viel, dass dein Hunger gestillt wird, dann höre auf. Iss dann nicht weiter, nur um deinen Appetit zu befriedigen.
2. Iss langsam und kaue gründlich. Lass lieber etwas stehen, als den Rest in dich hineinzustopfen.
3. Entspanne dich. Angespannte Konzentration, Nervosität und Gefühlsstörungen beeinträchtigen die Verdauung.
4. Gewöhne dir an, zwischen den Mahlzeiten, statt zu den Mahlzeiten zu trinken.
5. Erlaube dir keine „Imbisse“ zwischen den Mahlzeiten.
6. Vermeide eine schwere Mahlzeit am späten Abend. Deine Verdauungsorgane brauchen auch Ruhe.
7. Informiere dich über die natürlichen, gesunden Nahrungsmittel und sorge dafür, dass diese den Hauptteil deines Speiseplanes ausmachen. (Deine Buchhandlung oder Reformhaus werden dir viele Veröffentlichungen empfehlen können, die heute zu diesem Thema auf dem Markt sind.)
8. Meide Schwarztee und Kaffee (es gibt genug Ersatz dafür) oder halte dich mit dem Genuss dieser Getränke etwas zurück. Sie haben überhaupt keinen Nährwert und können als Genussmittel zur Gewohnheit werden. *„Alles ist mir erlaubt, aber nichts soll mich gefangen nehmen“* (1. Korinther 10,23).

[31] Aus seinem Buch „The Science and Fine Art of Fasting“, Seite 74.

Anhang 3

Verzeichnis der Bibelstellen

Abrahams Knecht sucht eine Braut für Isaak

Und man setzte ihm Essen vor. Er sprach aber: Ich will nicht essen, bis ich zuvor meine Sache vorgebracht habe. Sie antworteten: Sage an! (1. Mose 24,33).

Moses erstes Fasten von 40 Tagen auf dem Berg Sinai

Und er war allda bei dem HERRN vierzig Tage und vierzig Nächte und aß kein Brot und trank kein Wasser. Und er schrieb auf die Tafeln die Worte des Bundes, die Zehn Worte (2. Mose 34,28).

Am Versöhnungstag

Auch soll euch dies eine ewige Ordnung sein: Am zehnten Tage des siebenten Monats sollt ihr fasten und keine Arbeit tun, weder ein Einheimischer noch ein Fremdling unter euch.
Darum soll es euch ein hochheiliger Sabbat sein und ihr sollt fasten. Eine ewige Ordnung sei das (3. Mose 16,29.31).

Bis die Garbe als Schwingopfer dargebracht worden ist

Der soll die Garbe als Schwingopfer schwingen vor dem HERRN, dass sie euch wohlgefällig mache. Das soll aber der Priester tun am Tage nach dem Sabbat.
Und ihr sollt von der neuen Ernte kein Brot noch geröstete oder frische Körner essen bis zu dem Tag, da ihr eurem Gott seine Gabe bringt. Das soll eine ewige Ordnung sein bei euren Nachkommen, überall, wo ihr wohnt (3. Mose 23,11.14).

Am Versöhnungstag

Am zehnten Tage in diesem siebenten Monat ist der Versöhnungstag. Da sollt ihr eine heilige Versammlung halten und fasten und dem HERRN Feueropfer darbringen.
Ein feierlicher Sabbat soll er euch sein und ihr sollt fasten. Am neunten Tage des Monats, am Abend, sollt ihr diesen Ruhetag halten, vom Abend an bis wieder zum Abend (3. Mose 23,27.32).

Das Gesetz über die Gottgeweihten

...so soll er sich des Weins und starken Getränkes enthalten; Würzwein und starken Würztrank soll er auch nicht trinken, auch nichts, was aus Weinbeeren gemacht wird; er soll weder frische noch gedörrte Weinbeeren essen.
Solange sein Gelübde währt, soll er nichts essen, was man vom Weinstock nimmt, von den unreifen bis zu den überreifen Trauben (4. Mose 6,3.4).

Am Versöhnungstag

Am zehnten Tag dieses siebenten Monats soll heilige Versammlung sein, und ihr sollt fasten und keine Arbeit an diesem Tage tun (4. Mose 29,7).

Moses zweimaliges Fasten von vierzig Tagen auf dem Berg Sinai

... als ich auf den Berg gegangen war, die steinernen Tafeln zu empfangen, die Tafeln des Bundes, den der HERR mit euch schloss, und ich vierzig Tage und vierzig Nächte auf dem Berge blieb und kein Brot aß und kein Wasser trank.
...und fiel nieder vor dem HERRN wie das erste Mal, vierzig Tage und vierzig Nächte, und aß kein Brot und trank kein Wasser um all eurer Sünde willen, die ihr getan hattet, als ihr solches Unrecht tatet vor dem HERRN, um ihn zu erzürnen (5. Mose 9,9.18).

Israel nach seiner Niederlage durch Benjamin

Da zogen alle Israeliten, das ganze Kriegsvolk, hinauf und kamen nach Bethel und hielten Klage und blieben dort vor dem HERRN und fasteten an diesem Tag bis zum Abend und opferten Brandopfer und Dankopfer vor dem HERRN (Richter 20,26).

Hannas Gebet um ein Kind

So ging es alle Jahre; wenn sie hinaufzog zum Haus des HERRN, kränkte jene sie. Dann weinte Hanna und aß nichts. Elkana aber, ihr Mann, sprach zu ihr: Hanna, warum weinst du und warum isst du nichts? Und warum ist dein Herz so traurig? Bin ich dir nicht mehr wert als zehn Söhne? (1. Samuel 1,7.8).

In Mizpa unter Samuel

Und sie kamen zusammen in Mizpa und schöpften Wasser und gossen es aus vor dem HERRN und fasteten an demselben Tage und sprachen dort: Wir haben an dem HERRN gesündigt. So richtete Samuel die Israeliten zu Mizpa (1. Samuel 7,6).

Der Fluch Sauls im Kampf

Und als die Männer Israels in Bedrängnis kamen an jenem Tage, belegte Saul das Volk mit seinem Fluch und schwor: Verflucht sei jedermann, der etwas isst bis zum Abend, bis ich mich an meinen Feinden räche! Da aß das ganze Volk nichts. Es waren aber Honigwaben auf dem Felde und als das Volk hinkam zu den Waben, siehe, da floss der Honig. Aber niemand nahm davon etwas mit der Hand in seinen Mund; denn das Volk fürchtete den Schwur. Jonatan aber hatte nicht gehört, dass sein Vater das Volk mit einem Schwur belegt hatte. Und er streckte seinen Stab aus, den er in seiner Hand hatte, und tauchte die Spitze in den Honigseim und führte seine Hand zum Munde; da strahlten seine Augen. Da hob einer aus dem Volk an und sprach: Dein Vater hat das Volk mit einem Fluch belegt und geschworen: Verflucht sei jedermann, der heute etwas isst! So ist das Volk nun matt geworden. Da sprach Jonatan: Mein Vater bringt das Land ins Unglück; seht, wie strahlend sind meine Augen geworden, weil ich ein wenig von diesem Honig gekostet habe. Fürwahr, hätte doch das Volk heute gegessen von der Beute seiner Feinde, die es gemacht hat! Wäre dann die Niederlage der Philister nicht noch größer geworden? (1. Samuel 14,24-30).

Jonathan ist bekümmert über Sauls Hass gegen David

...und stand vom Tisch auf in grimmigem Zorn und aß am zweiten Tage nach dem Neumond nichts; denn er war bekümmert um David und dass ihm sein Vater solchen Schimpf antat (Samuel 20,34).

Ägyptischer Sklave, den David auf dem Feld fand

Und sie fanden einen Ägypter auf dem Felde; den führten sie zu David und gaben ihm Brot zu essen und Wasser zu trinken und gaben ihm ein Stück Feigenkuchen und zwei Rosinenkuchen. Und als er gegessen hatte, kam er wieder zu sich; denn er hatte in drei Tagen und drei Nächten nichts gegessen und kein Wasser getrunken (1. Samuel 30,11.12).

Die Leute, die Saul und seine Söhne begruben

Und sie nahmen ihre Gebeine und begruben sie unter dem Tamariskenbaum bei Jabesch und fasteten sieben Tage (1. Samuel 31,13).

David und seine Leute bei der Nachricht von Sauls Tod

...und sie hielten Totenklage und weinten und fasteten bis zum Abend um Saul und seinen Sohn Jonatan und um das Volk des HERRN und um das Haus Israel, weil sie durchs Schwert gefallen waren (2. Samuel 1,12).

David nach dem Tode Abners

Als nun alles Volk kam, während es noch Tag war, um David zum Essen zu nötigen, schwor David und sprach: Gott tue mir dies und das, wenn ich Brot oder sonst etwas zu mir nehme, ehe die Sonne untergeht! (2. Samuel 3,35).

Urias Selbstdisziplin zur Zeit des Kampfes

Uria aber sprach zu David: Die Lade und Israel und Juda wohnen in Zelten und Joab, mein Herr, und meines Herrn Kriegsleute liegen auf freiem Felde, und ich sollte in mein Haus gehen, um zu essen und zu trinken und bei meiner Frau zu liegen? So wahr der HERR lebt und so wahr du lebst: Ich tue so etwas nicht (2. Samuel 11,11).

David für das Kind der Bathseba

Und David suchte Gott um des Knäbleins willen und fastete, und wenn er heimkam, lag er über Nacht auf der Erde. Da traten herzu die Ältesten seines Hauses und wollten ihn aufrichten von der Erde; er aber wollte nicht und aß auch nicht mit ihnen. Am siebenten Tage aber starb das Kind. Und die Männer Davids fürchteten sich, ihm zu sagen, dass das Kind tot sei; denn sie dachten: Siehe, als das Kind noch am Leben war, redeten wir mit ihm und er hörte nicht auf uns; wie könnten wir ihm nun sagen: Das Kind ist tot! Er könnte ein Unheil anrichten. Als aber David sah, dass seine Männer leise redeten, merkte er, dass das Kind tot sei, und sprach zu seinen Männern: Ist das Kind tot? Sie sprachen: Ja. Da stand David von der Erde auf und wusch sich und salbte sich und zog andere Kleider an und ging in das Haus des HERRN und betete an. Und als er wieder heimkam, ließ er sich Speise auftragen und aß. Da sprachen seine Männer zu ihm: Was soll das, was du tust? Als das Kind lebte, hast du gefastet und geweint; nun es aber gestorben ist, stehst du auf und isst. Er sprach: Als das Kind noch lebte, fastete ich und weinte; denn ich dachte: Wer weiß, ob mir der HERR nicht gnädig wird und das Kind am Leben bleibt. Nun es aber tot ist, was soll ich fasten? Kann ich es wieder zurückholen? Ich werde wohl zu ihm fahren; es kommt aber nicht wieder zu mir zurück (2. Samuel 12,16-23).

Der Prophet ruft gegen den Altar in Bethel

Aber der Mann Gottes sprach zum König: Wenn du mir auch die Hälfte deiner Habe geben wolltest, so käme ich doch nicht mit dir; denn ich will an diesem Ort kein Brot essen noch Wasser trinken. Denn das ist mir geboten durch des HERRN Wort: Du sollst kein Brot essen und kein Wasser trinken und nicht den Weg zurückgehen, den du gekommen bist. Und er ging einen anderen Weg und nicht wieder den Weg, den er nach Bethel gekommen war. Es wohnte aber ein alter Prophet in Bethel; zu dem kamen seine Söhne und erzählten ihm alles, was der Mann Gottes getan hatte an diesem Tag in Bethel, und die Worte, die er zum König geredet hatte. Und ihr Vater sprach zu ihnen: Wo ist der Weg, den er gezogen ist? Und seine Söhne zeigten ihm den Weg, den der Mann

Gottes gezogen war, der von Juda gekommen war. Er aber sprach zu seinen Söhnen: Sattelt mir den Esel! Und als sie ihm den Esel gesattelt hatten, ritt er auf ihm und zog dem Mann Gottes nach und fand ihn unter einer Eiche sitzen und sprach zu ihm: Bist du der Mann Gottes, der von Juda gekommen ist? Er sprach: Ja. Er sprach zu ihm: Komm mit mir heim und iss Brot mit mir! Er aber sprach: Ich kann nicht mit dir umkehren und mit dir kommen; ich will auch nicht Brot essen noch Wasser trinken mit dir an diesem Ort. Denn es ist zu mir geredet worden durch das Wort des HERRN: Du sollst dort weder Brot essen noch Wasser trinken; du sollst nicht den Weg zurückgehen, den du gekommen bist. Er sprach zu ihm: Ich bin auch ein Prophet wie du, und ein Engel hat zu mir geredet auf das Wort des HERRN hin: Führe ihn wieder mit dir heim, dass er Brot esse und Wasser trinke. Er belog ihn aber. Und er führte ihn wieder zurück, dass er Brot aß und Wasser trank in seinem Hause. Und als sie zu Tisch saßen, kam das Wort des HERRN zum Propheten, der ihn zurückgeführt hatte. Und er rief dem Mann Gottes zu, der von Juda gekommen war: So spricht der HERR: Weil du dem Mund des HERRN ungehorsam gewesen bist und nicht gehalten hast das Gebot, das dir der HERR, dein Gott, geboten hat, und umgekehrt bist, Brot gegessen hast und Wasser getrunken an dem Ort, von dem er dir sagte: Du sollst weder Brot essen noch Wasser trinken –, so soll dein Leichnam nicht in deiner Väter Grab kommen. Und nachdem er gegessen und getrunken hatte, sattelte man für ihn den Esel des Propheten, der ihn zurückgeführt hatte. Und als er seines Weges zog, fand ihn ein Löwe auf dem Wege und tötete ihn. Und sein Leichnam blieb auf dem Wege liegen und der Esel stand neben ihm, und der Löwe stand neben dem Leichnam (1. Könige 13,8-24).

Elias magere Kost am Krith und in Zarpath

Und die Raben brachten ihm Brot und Fleisch des Morgens und des Abends und er trank aus dem Bach.
Denn so spricht der HERR, der Gott Israels: Das Mehl im Topf soll nicht verzehrt werden, und dem Ölkrug soll nichts mangeln bis auf den Tag, an dem der HERR regnen lassen wird auf Erden. Sie ging hin und tat, wie Elia gesagt hatte. Und er aß und sie auch und

ihr Sohn Tag um Tag. Das Mehl im Topf wurde nicht verzehrt, und dem Ölkrug mangelte nichts nach dem Wort des HERRN, das er durch Elia geredet hatte (1. Könige 17,6.14-16).

Elia auf seiner Reise zum Horeb

Und er stand auf und aß und trank und ging durch die Kraft der Speise vierzig Tage und vierzig Nächte bis zum Berg Gottes, dem Horeb (1. Könige 19,8).

Ahab nach der Weigerung Naboths

Da kam Ahab heim voller Unmut und zornig um des Wortes willen, das Nabot, der Jesreeliter, zu ihm gesagt hatte: Ich will dir meiner Väter Erbe nicht geben. Und er legte sich auf sein Bett und wandte sein Antlitz ab und aß nicht. Da kam seine Frau Isebel zu ihm hinein und redete mit ihm: Was ist's, dass dein Geist so voller Unmut ist und dass du nicht isst? (1. Könige 21,4.5).

Naboth, auf Isebels Anstiftung obenan gesetzt

Und schrieb in den Briefen: Lasst ein Fasten ausrufen und setzt Nabot obenan im Volk.
Und sie ließen ein Fasten ausrufen und ließen Nabot obenan im Volk sitzen (1. Könige 21,9.12).

Ahab bei seiner Selbstdemütigung

Als aber Ahab diese Worte hörte, zerriss er seine Kleider und legte ein härenes Tuch um seinen Leib und fastete und schlief darin und ging bedrückt einher (1. Könige 21,27).

Die Leute, die Saul und seine Söhne begruben

... machten sie sich auf, alle streitbaren Männer, und nahmen die Leichname Sauls und seiner Söhne und brachten sie nach Jabesch und begruben ihre Gebeine unter der Eiche bei Jabesch und fasteten sieben Tage (1. Chronik 10,12).

Von Joschafat vor der Schlacht ausgerufen

Joschafat aber fürchtete sich und richtete sein Angesicht darauf, den HERRN zu suchen; und er ließ in ganz Juda ein Fasten ausrufen (2. Chronik 20,3).

Von Esra am Fluss bei Ahawa ausgerufen

Und ich ließ dort am Fluss bei Ahawa ein Fasten ausrufen, damit wir uns vor unserm Gott demütigten, um von ihm eine Reise ohne Gefahren zu erbitten für uns und unsere Kinder und alle unsere Habe. Denn ich schämte mich, vom König Geleit und Reiter zu fordern, um uns auf dem Wege vor Feinden zu helfen. Denn wir hatten dem König gesagt: Die Hand unseres Gottes ist zum Besten über allen, die ihn suchen, und seine Stärke und sein Zorn gegen alle, die ihn verlassen. So fasteten wir und erbaten solches von unserm Gott; und er erhörte uns (Esra 8,21-23).

Esra klagt über die Untreue der Verbannten

Und um das Abendopfer fasste ich mich und stand auf in meinem zerrissenen Kleid und Mantel, fiel auf meine Knie und breitete meine Hände aus zu dem HERRN, meinem Gott (Esra 9,5).

Esra klagt über die Untreue der Verbannten

Und Esra ging fort von dem Platz vor dem Hause Gottes und ging in die Kammer Johanans, des Sohnes Eljaschibs. Und er blieb dort über Nacht, aß kein Brot und trank kein Wasser; denn er trug Leid um den Treubruch derer, die aus der Gefangenschaft gekommen waren (Esra 10,6).

Nehemia für den Wiederaufbau Jerusalems

Als ich aber diese Worte hörte, setzte ich mich nieder und weinte und trug Leid tagelang und fastete und betete vor dem Gott des Himmels (Nehemia 1,4).

Die Leute von Jerusalem bekennen ihre Sünden

Am vierundzwanzigsten Tage dieses Monats kamen die Israeliten zu einem Fasten zusammen, in Säcke gehüllt und mit Erde auf ihren Häuptern (Nehemia 9,1).

Die Juden nach Hamans Anschlag

Und in allen Ländern, wohin des Königs Wort und Gebot gelangte, war ein großes Klagen unter den Juden, und viele fasteten, weinten, trugen Leid und lagen in Sack und Asche (Ester 4,3).

Vor der Audienz beim König von Ester ausgerufen

So geh hin und versammle alle Juden, die in Susa sind, und fastet für mich, dass ihr nicht esst und trinkt drei Tage lang, weder Tag noch Nacht. Auch ich und meine Dienerinnen wollen so fasten. Und dann will ich zum König hineingehen entgegen dem Gesetz. Komme ich um, so komme ich um (Ester 4,16).

In Verbindung mit dem Fest Purim

... dass sie annähmen die Purimtage auf ihre bestimmte Zeit, wie sie Mordechai, der Jude, und die Königin Ester für sie festgesetzt hatten und wie sie für sich selbst und für ihre Nachkommen die Einsetzung der Fasten und ihrer Klage festgesetzt hatten (Ester 9,31).

Als Folge von Schmerz und Krankheit

Auch warnt er ihn durch Schmerzen auf seinem Bett und durch heftigen Kampf in seinen Gliedern und richtet ihm sein Leben so zu, dass ihm vor der Speise ekelt, und seine Seele, dass sie nicht Lust hat zu essen (Hiob 33,19.20).

David für andere, die krank waren

Ich aber zog einen Sack an, wenn sie krank waren, tat mir wehe mit Fasten und betete immer wieder von Herzen (Psalm 35,13).

Als dem Psalmisten seine Tränen zur Nahrung wurden

Meine Tränen sind meine Speise Tag und Nacht, weil man täglich zu mir sagt: Wo ist nun dein Gott? (Psalm 42,4).

Der Grund dafür, dass David geschmäht wurde

... denn der Eifer um dein Haus hat mich gefressen, und die Schmähungen derer, die dich schmähen, sind auf mich gefallen. Ich weine bitterlich und faste, und man spottet meiner dazu. Ich habe einen Sack angezogen, aber sie treiben ihren Spott mit mir (Psalm 69,10-12).

Der Psalmist vergisst in seiner Anfechtung das Essen

Denn meine Tage sind vergangen wie ein Rauch, und meine Gebeine sind verbrannt wie von Feuer. Mein Herz ist geschlagen und verdorrt wie Gras, dass ich sogar vergesse, mein Brot zu essen. (Psalm 102,4.5).

Als Ergebnis von Krankheit

Die Toren, die geplagt waren, um ihrer Übertretungen und um ihrer Sünde willen, dass ihnen ekelte vor aller Speise und sie todkrank wurden (Psalm 107,17.18).

Der Grund für Davids körperliche Schwachheit

Meine Knie sind schwach vom Fasten, und mein Leib ist mager und hat kein Fett (Psalm 109,24).

Fasten, wie es Gott gefällt

Rufe getrost, halte nicht an dich! Erhebe deine Stimme wie eine Posaune und verkündige meinem Volk seine Abtrünnigkeit und dem Hause Jakob seine Sünden! Sie suchen mich täglich und begehren meine Wege zu wissen, als wären sie ein Volk, das die Gerechtigkeit schon getan und das Recht seines Gottes nicht verlassen hätte. Sie fordern von mir Recht, sie begehren, dass Gott sich nahe. Warum fasten wir und du siehst es nicht an? Warum kasteien wir unseren Leib und du willst's nicht wissen? Siehe, an dem Tag, da ihr fastet, geht ihr doch euren Geschäften nach und bedrückt al-

le eure Arbeiter. Siehe, wenn ihr fastet, hadert und zankt ihr und schlagt mit gottloser Faust drein. Ihr sollt nicht so fasten, wie ihr jetzt tut, wenn eure Stimme in der Höhe gehört werden soll.
Soll das ein Fasten sein, an dem ich Gefallen habe, ein Tag, an dem man sich kasteit, wenn ein Mensch seinen Kopf hängen lässt wie Schilf und in Sack und Asche sich bettet? Wollt ihr das ein Fasten nennen und einen Tag, an dem der HERR Wohlgefallen hat? Das aber ist ein Fasten, an dem ich Gefallen habe: Lass los, die du mit Unrecht gebunden hast, lass ledig, auf die du das Joch gelegt hast! Gib frei, die du bedrückst, reiß jedes Joch weg! Brich dem Hungrigen dein Brot, und die im Elend ohne Obdach sind, führe ins Haus! Wenn du einen nackt siehst, so kleide ihn, und entzieh dich nicht deinem Fleisch und Blut! Dann wird dein Licht hervorbrechen wie die Morgenröte, und deine Heilung wird schnell voranschreiten, und deine Gerechtigkeit wird vor dir hergehen, und die Herrlichkeit des HERRN wird deinen Zug beschließen. Dann wirst du rufen und der HERR wird dir antworten. Wenn du schreist, wird er sagen: Siehe, hier bin ich. Wenn du in deiner Mitte niemand unterjochst und nicht mit Fingern zeigst und nicht übel redest, sondern den Hungrigen dein Herz finden lässt und den Elenden sättigst, dann wird dein Licht in der Finsternis aufgehen, und dein Dunkel wird sein wie der Mittag. Und der HERR wird dich immerdar führen und dich sättigen in der Dürre und dein Gebein stärken. Und du wirst sein wie ein bewässerter Garten und wie eine Wasserquelle, der es nie an Wasser fehlt. Und es soll durch dich wieder aufgebaut werden, was lange wüst gelegen hat, und du wirst wieder aufrichten, was vorzeiten gegründet ward; und du sollst heißen: Der die Lücken zumauert und die Wege ausbessert, dass man da wohnen könne (Jesaja 58,1-12).

Was Gott nicht annimmt

Denn wenn sie auch fasten, so will ich doch ihr Flehen nicht erhören; und wenn sie auch Brandopfer und Speisopfer bringen, so gefallen sie mir doch nicht, sondern ich will sie durch Schwert, Hunger und Pest aufreiben (Jeremia 14,12).

Baruch liest Jeremias Schriftrolle am Fasttag

Du aber geh hin und lies die Schriftrolle, auf die du des HERRN Worte, wie ich sie dir gesagt habe, geschrieben hast, dem Volk vor im Hause des HERRN am Fasttage, und du sollst sie auch lesen vor den Ohren aller Judäer, die aus ihren Städten hereinkommen.
Es begab sich aber im fünften Jahr Jojakims, des Sohnes Josias, des Königs von Juda, im neunten Monat, dass man ein Fasten ausrief vor dem HERRN für alles Volk zu Jerusalem und für alles Volk, das aus den Städten Judas nach Jerusalem kam (Jeremia 36,6.9).

Daniel und seine Freunde weigern sich, des Königs Kost zu essen

Da sprach Daniel zu dem Aufseher, den der oberste Kämmerer über Daniel, Hananja, Mischaël und Asarja gesetzt hatte: Versuch's doch mit deinen Knechten zehn Tage und lass uns Gemüse zu essen und Wasser zu trinken geben. Und dann lass dir unser Aussehen und das der jungen Leute, die von des Königs Speise essen, zeigen; und danach magst du mit deinen Knechten tun nach dem, was du sehen wirst. Und er hörte auf sie und versuchte es mit ihnen zehn Tage. Und nach den zehn Tagen sahen sie schöner und kräftiger aus als alle jungen Leute, die von des Königs Speise aßen. Da tat der Aufseher die Speise und den Trank, die für sie bestimmt waren, weg und gab ihnen Gemüse (Daniel 1,12-16).

Darius, als Daniel sich in der Löwengrube befand

Und der König ging weg in seinen Palast und fastete die Nacht über und ließ kein Essen vor sich bringen und konnte auch nicht schlafen (Daniel 6,19).

Daniel betet für Jerusalem

Und ich kehrte mich zu Gott, dem Herrn, um zu beten und zu flehen unter Fasten und in Sack und Asche (Daniel 9,3).

Daniels dreiwöchiges Teilfasten

Zu der Zeit trauerte ich, Daniel, drei Wochen lang. Ich aß keine leckere Speise; Fleisch und Wein kamen nicht in meinen Mund; und ich salbte mich auch nicht, bis die drei Wochen um waren (Daniel 10,2.3).

Im Blick auf den Tag des Herrn

Sagt ein heiliges Fasten an, ruft die Gemeinde zusammen! Versammelt die Ältesten und alle Bewohner des Landes zum Hause des HERRN, eures Gottes, und schreit zum HERRN (Joel 1,14).

Rückkehr zu Gott von ganzem Herzen

Doch auch jetzt noch, spricht der HERR, bekehrt euch zu mir von ganzem Herzen mit Fasten, mit Weinen, mit Klagen! (Joel 2,12).

Ausgerufen durch Blasen einer Trompete in Zion

Blast die Posaune zu Zion, sagt ein heiliges Fasten an, ruft die Gemeinde zusammen! (Joel 2,15).

Vom Volk und König von Ninive ausgerufen

Da glaubten die Leute von Ninive an Gott und ließen ein Fasten ausrufen und zogen alle, Groß und Klein, den Sack zur Buße an. Und als das vor den König von Ninive kam, stand er auf von seinem Thron und legte seinen Purpur ab und hüllte sich in den Sack und setzte sich in die Asche und ließ ausrufen und sagen in Ninive als Befehl des Königs und seiner Gewaltigen: Es sollen weder Mensch noch Vieh, weder Rinder noch Schafe Nahrung zu sich nehmen, und man soll sie nicht weiden noch Wasser trinken lassen; und sie sollen sich in den Sack hüllen, Menschen und Vieh, und zu Gott rufen mit Macht. Und ein jeder bekehre sich von seinem bösen Wege und vom Frevel seiner Hände! Wer weiß? Vielleicht lässt Gott es sich gereuen und wendet sich ab von seinem grimmigen Zorn, dass wir nicht verderben (Jona 3,5-9).

Beim Leidtragen im fünften und siebten Monat

und ließ die Priester, die zum Hause des HERRN Zebaoth gehörten, und die Propheten fragen: Muss ich immer noch im fünften Monat weinen und Fasten halten, wie ich es nun so viele Jahre getan habe? Und des HERRN Zebaoth Wort geschah zu mir: Sage allem Volk im Lande und den Priestern und sprich: Als ihr fastetet und Leid trugt im fünften und siebenten Monat diese siebzig Jahre lang, habt ihr da für mich gefastet? (Sacharja 7,3-5).

Im vierten, fünften, siebten und zehnten Monat

So spricht der HERR Zebaoth: Die Fasten des vierten, fünften, siebenten und zehnten Monats sollen dem Hause Juda zur Freude und Wonne und zu fröhlichen Festzeiten werden. Doch liebt Wahrheit und Frieden (Sacharja 8,19).

Unser Herr, vierzig Tage lang

Und da er vierzig Tage und vierzig Nächte gefastet hatte, hungerte ihn (Matthäus 4,2).

Nicht so, wie die Heuchler

Wenn ihr fastet, sollt ihr nicht sauer dreinsehen wie die Heuchler; denn sie verstellen ihr Gesicht, um sich vor den Leuten zu zeigen mit ihrem Fasten. Wahrlich, ich sage euch: Sie haben ihren Lohn schon gehabt. Wenn du aber fastest, so salbe dein Haupt und wasche dein Gesicht, damit du dich nicht vor den Leuten zeigst mit deinem Fasten, sondern vor deinem Vater, der im Verborgenen ist; und dein Vater, der in das Verborgene sieht, wird dir's vergelten (Matthäus 6,16-18).

Die Jünger des Johannes und die Pharisäer

Da kamen die Jünger des Johannes zu ihm und sprachen: Warum fasten wir und die Pharisäer so viel und deine Jünger fasten nicht? (Matthäus 9,14).

Die Gäste, wenn der Bräutigam von ihnen gegangen ist

Jesus antwortete ihnen: Wie können die Hochzeitsgäste Leid tragen, solange der Bräutigam bei ihnen ist? Es wird aber die Zeit kommen, dass der Bräutigam von ihnen genommen wird; dann werden sie fasten (Matthäus 9,15).

Johannes der Täufer lebt enthaltsam

Johannes ist gekommen, aß nicht und trank nicht; so sagen sie: Er ist besessen (Matthäus 11,18).

Zustand der Viertausend, bevor unser Herr sie speiste

Und Jesus rief seine Jünger zu sich und sprach: Das Volk jammert mich; denn sie harren nun schon drei Tage bei mir aus und haben nichts zu essen; und ich will sie nicht hungrig gehen lassen, damit sie nicht verschmachten auf dem Wege (Matthäus 15,32).

Diese Art fährt nur so aus

Aber diese Art fährt nur aus durch Beten und Fasten (Matthäus 17,21).

Die Jünger des Johannes und die Pharisäer

Und die Jünger des Johannes und die Pharisäer fasteten viel; und es kamen einige, die sprachen zu ihm: Warum fasten die Jünger des Johannes und die Jünger der Pharisäer, und deine Jünger fasten nicht? (Markus 2,18).

Die Gäste, wenn der Bräutigam von ihnen gegangen ist

Und Jesus sprach zu ihnen: Wie können die Hochzeitsgäste fasten, während der Bräutigam bei ihnen ist? Solange der Bräutigam bei ihnen ist, können sie nicht fasten. Es wird aber die Zeit kommen, dass der Bräutigam von ihnen genommen wird; dann werden sie fasten, an jenem Tage (Markus 2,19.20).

Zustand der Viertausend, bevor unser Herr sie speiste

Und wenn ich sie hungrig heimgehen ließe, würden sie auf dem Wege verschmachten; denn einige sind von ferne gekommen (Markus 8,3).

Diese Art fährt nur so aus

Und er sprach: Diese Art kann durch nichts ausfahren als durch Beten und Fasten (Markus 9,29).

Hanna betete im Tempel

... und war nun eine Witwe an die vierundachtzig Jahre; die wich nicht vom Tempel und diente Gott mit Fasten und Beten Tag und Nacht (Lukas 2,37).

Unser Herr, vierzig Tage lang

... und vierzig Tage lang von dem Teufel versucht. Und er aß nichts in diesen Tagen, und als sie ein Ende hatten, hungerte ihn (Lukas 4,2).

Die Jünger des Johannes und die Pharisäer

Sie aber sprachen zu ihm: Die Jünger des Johannes fasten oft und beten viel, ebenso die Jünger der Pharisäer; aber deine Jünger essen und trinken (Lukas 5,33).

Die Gäste, wenn der Bräutigam von ihnen gegangen ist. Johannes der Täufer lebt enthaltsam.

Jesus sprach aber zu ihnen: Ihr könnt die Hochzeitsgäste nicht fasten lassen, solange der Bräutigam bei ihnen ist. Es wird aber die Zeit kommen, dass der Bräutigam von ihnen genommen wird; dann werden sie fasten, in jenen Tagen (Lukas 5,34.35).

Der überhebliche Pharisäer, zweimal die Woche

Ich faste zweimal in der Woche und gebe den Zehnten von allem, was ich einnehme (Lukas 18,12).

Saulus von Tarsus nach seiner Begegnung mit Christus

... und er konnte drei Tage nicht sehen und aß nicht und trank nicht (Apg. 9,9).

Die Propheten und Lehrer in Antiochien

Als sie aber dem Herrn dienten und fasteten, sprach der Heilige Geist: Sondert mir aus Barnabas und Saulus zu dem Werk, zu dem ich sie berufen habe. Da fasteten sie und beteten und legten die Hände auf sie und ließen sie ziehen (Apg. 13,2.3).

Bei der Einsetzung der Ältesten in den Gemeinden

Und sie setzten in jeder Gemeinde Älteste ein, beteten und fasteten und befahlen sie dem Herrn, an den sie gläubig geworden waren (Apg. 14,23).

Die Juden, die sich verschworen hatten, Paulus zu töten

Als es aber Tag wurde, rotteten sich einige Juden zusammen und verschworen sich, weder zu essen noch zu trinken, bis sie Paulus getötet hätten. Es waren aber mehr als vierzig, die diese Verschwörung machten. Die gingen zu den Hohenpriestern und Ältesten und sprachen: Wir haben uns durch einen Eid gebunden, nichts zu essen, bis wir Paulus getötet haben. So wirkt nun ihr mit dem Hohen Rat bei dem Oberst darauf hin, dass er ihn zu euch herunterführen lässt, als wolltet ihr ihn genauer verhören; wir aber sind bereit, ihn zu töten, ehe er vor euch kommt. Als aber der Sohn der Schwester des Paulus von dem Anschlag hörte, ging er und kam in die Burg und berichtete es Paulus. Paulus aber rief einen von den Hauptleuten zu sich und sprach: Führe diesen jungen Mann zu dem Oberst, denn er hat ihm etwas zu sagen. Der nahm ihn und führte ihn zum Oberst und sprach: Der Gefangene Paulus hat mich zu sich rufen lassen und mich gebeten, diesen jungen Mann zu dir zu führen, der dir etwas zu sagen hat. Da nahm ihn der Oberst bei der Hand und führte ihn beiseite und fragte ihn: Was ist's, dass du mir zu sagen hast? Er aber sprach: Die Juden sind übereingekommen, dich zu bitten, dass du Paulus morgen vor den Hohen Rat hinunterbringen lässt, so als wollten sie ihn genauer verhören. Du aber traue ihnen nicht; denn mehr als vierzig Männer von ihnen lauern ihm auf; die haben sich verschworen, weder zu essen noch zu trinken, bis sie ihn getötet hätten; und jetzt sind sie bereit und warten auf deine Zusage. Da ließ der Oberst den jungen Mann gehen und gebot ihm, niemandem zu sagen, dass er ihm das eröffnet hätte (Apg. 23,12-21).

Erwähnung des jährlichen Versöhnungstages

Da nun viel Zeit vergangen war und die Schifffahrt bereits gefährlich wurde, weil auch die Fastenzeit schon vorüber war, ermahnte sie Paulus… (Apg. 27,9).

Die Leute, die bei Paulus waren, vor dem Schiffbruch

Und als man lange nichts gegessen hatte, trat Paulus mitten unter sie und sprach: Liebe Männer, man hätte auf mich hören sollen und nicht von Kreta aufbrechen, dann wäre uns Leiden und Schaden erspart geblieben. Doch nun ermahne ich euch: Seid unverzagt; denn keiner von euch wird umkommen, nur das Schiff. Denn diese Nacht trat zu mir der Engel des Gottes, dem ich gehöre und dem ich diene, und sprach: Fürchte dich nicht, Paulus, du musst vor den Kaiser gestellt werden; und siehe, Gott hat dir geschenkt alle, die mit dir fahren. Darum, liebe Männer, seid unverzagt; denn ich glaube Gott, es wird so geschehen, wie mir gesagt ist. Wir werden aber auf eine Insel auflaufen. Als aber die vierzehnte Nacht kam, seit wir in der Adria trieben, wähnten die Schiffsleute um Mitternacht, sie kämen an ein Land. Und sie warfen das Senkblei aus und fanden es zwanzig Faden tief; und ein wenig weiter loteten sie abermals und fanden es fünfzehn Faden tief. Da fürchteten sie, wir würden auf Klippen geraten, und warfen hinten vom Schiff vier Anker aus und wünschten, dass es Tag würde. Als aber die Schiffsleute vom Schiff zu fliehen suchten und das Beiboot ins Meer herabließen und vorgaben, sie wollten auch vorne die Anker herunterlassen, sprach Paulus zu dem Hauptmann und zu den Soldaten: Wenn diese nicht auf dem Schiff bleiben, könnt ihr nicht gerettet werden. Da hieben die Soldaten die Taue ab und ließen das Beiboot ins Meer fallen. Und als es anfing, hell zu werden, ermahnte Paulus sie alle, Nahrung zu sich zu nehmen, und sprach: Es ist heute der vierzehnte Tag, dass ihr wartet und ohne Nahrung geblieben seid und nichts zu euch genommen habt. Darum ermahne ich euch, etwas zu essen; denn das dient zu eurer Rettung; es wird keinem von euch ein Haar vom Haupt fallen. Und als er das gesagt hatte, nahm er Brot, dankte Gott vor ihnen allen und brach's und fing an zu essen. Da wurden sie alle guten Mutes und nahmen auch Nahrung zu sich. Wir waren aber alle zusammen im Schiff zweihundertsechsundsiebzig. Und nachdem sie satt geworden waren, erleichterten sie das Schiff und warfen das Getreide in das Meer (Apg. 27,21-33).

Verzicht um des schwächeren Bruders willen

Es ist besser, du isst kein Fleisch und trinkst keinen Wein und tust nichts, woran sich dein Bruder stößt (Römer 14,21).

Darum, wenn Speise meinen Bruder zu Fall bringt, will ich nie mehr Fleisch essen, damit ich meinen Bruder nicht zu Fall bringe (1. Korinther 8,13).

Ein Bestandteil des Dienstes des Apostels

... in Schlägen, in Gefängnissen, in Verfolgungen, in Mühen, im Wachen, im Fasten ... (2. Korinther 6,5).

Auf der Liste der Leiden des Paulus

... in Mühe und Arbeit, in viel Wachen, in Hunger und Durst, in viel Fasten, in Frost und Blöße ... (2. Korinther 11,27).

Falsche Lehrer, die Enthaltsamkeit gebieten

Sie gebieten, nicht zu heiraten und Speisen zu meiden, die Gott geschaffen hat, dass sie mit Danksagung empfangen werden von den Gläubigen und denen, die die Wahrheit erkennen (1. Timotheus 4,3).

Klaudia Wagner-Diehl, Von Gott getarnt

Warum wir bei Verfolgung nicht hilflos ausgeliefert sind; 120 S., Paperback

Verfolgung – zumindest unsere eigene – kann ein Stressthema sein. Da kommt eine diffuse Angst auf und die Fantasie entwickelt Szenarien … Kann ich damit umgehen?

Was bedeutet eigentlich Verfolgung? Sind wir schutzlos ausgeliefert? Wie ist Jesus mit Verfolgung umgegangen? Auf diese und andere Fragen soll in diesem Buch ein neues Licht geworfen werden. Und dann geht es noch um ein ungewöhnliches „Ausrüstungsteil" für unseren persönlichen Schutz …

Torben Søndergaard, 412 Tage

Wegen Christus verfolgt – Wie ich im Gefängnis Hoffnung, Freiheit und Erweckung erlebte; 352 S., Pb.

Der Däne Torben Søndergaard, der damals in den USA als Evangelist tätig war, wurde 2022 dort aufgrund von falschen Anschuldigungen inhaftiert, aber nie offiziell angeklagt.

Er musste schließlich 412 Tage hinter Gittern verbringen. Von Momenten tiefer Verzweiflung bis hin zu unerklärlicher Freude erzählt er, wie es schließlich zu einer Erweckung kam, die seinen ganzen Zellentrakt veränderte.

Das Manuskript dieses Buches musste er mit einem Sicherheitsstift in seiner engen Zelle schreiben. Es ist eine Geschichte der Hoffnung inmitten des Leidens, eine prophetische Botschaft über die kommende Verfolgung, eine Erinnerung an die Kraft des Reich Gottes – und eine Ermutigung, standhaft zu bleiben, wenn die Stürme toben.

Karl Kirsch, Entrückung

Vor oder nach der großen Bedrängnis?; 232 S., Pb.

Wann wird die Entrückung stattfinden? Die Mehrheit der Christen hofft, dass sie noch vor der großen Trübsal stattfindet.

Karl Kirsch belegt jedoch anhand der Bibel, dass der Tag des Herrn, die Ankunft des Herrn, der Tag der Auferstehung der Toten, der Tag der Entrückung sowie der Tag des Gerichts und des Zorns ein und derselbe Tag am Ende des Zeitalters ist und wir somit alle vorhergehenden Ereignisse miterleben werden.

Ein Buch, das mahnt, nicht blauäugig in die vor uns liegende Zeit zu gehen, aber auch ermutigt, mit erhobenem Blick die Wiederkunft Jesu zu erwarten.

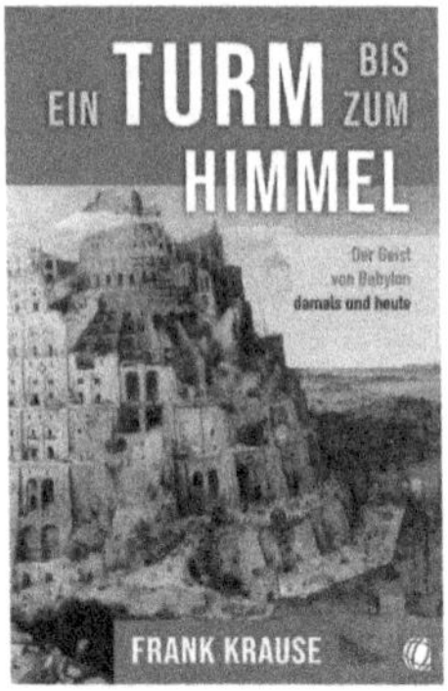

Frank Krause, Ein Turm bis zum Himmel

Der Geist von Babylon, damals und heute; 176 S., Pb.

Viele Christen meinen, die apokalyptischen Ereignisse um den Untergang Babylons kämen erst noch, der Autor jedoch glaubt, dass wir uns bereits mitten darin befinden und Zeugen des kollabierenden „Turms der Anmaßung" sind.

Offenbar geschieht vieles, von dem wir annahmen, es würde sich nacheinander ereignen, in Wahrheit nebeneinander bzw. gleichzeitig.

Das Buch will sowohl die Vorstellungen darüber vertiefen, wer und was Babylon ist, als auch Orientierung geben, um in den turbulenten Wehen der Endzeit, durch die wir gehen, standzuhalten.

Zudem will es den Blick auf die hinter dem Irdischen liegenden himmlischen Ereignisse lenken, die mit der „großen Hochzeit" und der Stadt des lebendigen Gottes, dem „Neuen Jerusalem" zu tun haben. Das Ende des einen ist der Anfang des anderen.

Volkmar Kolibabe, Offenbarung und Endzeit

Ein aktueller Blick auf das letzte Buch der Bibel

200 S., Paperback.

Die Offenbarung – ein Buch mit sieben Siegeln? Ja, vielleicht, aber Siegel sind dafür da, sie zur richtigen Zeit zu öffnen. Genau das unternimmt der Autor mit diesem Buch. „Offenbarung und Endzeit" zeigt uns, wie spät es jetzt gerade auf Gottes Uhr ist, und ebenso, was das für uns persönlich bedeutet.

Wir erfahren etwas von Gottes liebevollem Werben um sein Volk – sowohl des Neuen als auch des Alten Bundes –, aber wir sehen auch einen Gott, der für Gerechtigkeit sorgen und am Ende „alles neu" machen wird.

James Goll

Geistlich wahrnehmen und unterscheiden

Wie wir Offenbarungen empfangen, prüfen und anwenden können; 216 S.

James Goll erklärt, dass jeder Nachfolger Jesu geistliche Offenbarungen empfangen und prüfen kann, auch wenn einige als Propheten besonders begabt sind. Er legt präzise dar, wie wir unsere Sinne dem Heiligen Geist hingeben können, damit wir geistlich wahrnehmen können.

Und er erläutert, wie wir Offenbarungen prüfen, anwenden und letztlich verinnerlichen können, damit die Menschen sie nicht nur hören, sondern in uns sehen.

Für das vertiefte Studium ist ein Arbeitsbuch erhältlich.

Blake K. Healy, Durch den Schleier sehen

Eine Einladung in die unsichtbare Welt; 176 S. Pb.

Blake K. Healy sieht Engel und Dämonen seit seiner Kindheit – und zwar so klar wie natürlich sichtbare Dinge. Er sieht zum Beispiel Engel in Anbetungsgottesdiensten tanzen und Ermutigungsworte in die Ohren von Menschen flüstern, doch genauso sieht er auch Dämonen, die sich an Leute heften und so Abhängigkeiten, Lügen und Bitterkeit in deren Herzen und Gedanken aufrechterhalten.

In diesem Buch erzählt er einige dieser Begegnungen und wie er in dieser Gabe reifte und dabei die Angst und Verwirrung über die Dinge, welche er sah, überwand. Und ebenso, und wie er lernte, die Gabe des Sehens zu Gottes Verherrlichung zu nutzen und andere darin zu lehren. *„Ich wollte nicht, dass dieses Buch jemals endet!"* (Bill Johnson)

Randy Kay, Himmelssturm

Eine himmlische Begegnung enthüllt Gottes Pläne für die Endzeit; 304 S., Pb.

Nachdem Randy Kay in einem Krankenhaus klinisch gestorben war, erlebte er eine lebensverändernde Begegnung mit Jesus. Dabei erhielt er nicht nur großen Einblick in sein eigenes Leben, in das Wesen des dreieinigen Gottes und in das, was im Himmel vor sich geht, sondern auch in Gottes Pläne für die Endzeit.

Jedoch erst 16 Jahre nach seiner Nahtoderfahrung enthüllte ihm Gott, welche Bedeutung der Sturm, den er im Himmel gesehen hatte, für unsere Zeit hat. Die Beschreibung seiner Erkenntnisse hebt dabei hervor, dass Gottes letzter Akt auf der Bühne der menschlichen Geschichte unmittelbar bevorsteht.

Dr. Henry Wright

Die geistlichen Ursachen von Krankheiten

Klare Antworten auf Ihre Fragen zu Krankheitsprävention und Heilung, 208 Seiten, Pb.

Gemäß den langjährigen Erfahrungen des Autors haben etwa 80 Prozent aller Krankheiten eine geistliche Ursache und sind die direkte Folge einer gestörten Beziehung zu Gott, zu uns selbst oder zu anderen. Gott offenbarte ihm aus seinem Wort, was die geistlichen Ursachen von Krankheiten und den Blockaden zur Heilung sind.

Er geht insbesondere auf folgende Krankheitsarten ein: Allergien, Autoimmunerkrankungen, psychische Störungen, Herz-Kreislauf-Erkrankungen und Belastungsstörungen (z. B. Stresskrankheiten).

Chad Gonzales, Nie wieder krank

Erlebe übernatürliche Gesundheit durch Jesu Auferstehungskraft in dir, 240 Seiten, Paperback

Du musst nie wieder krank werden! Ergreife deine Heilung, die im Neuen Bund enthalten ist!

Wenn es um das Thema Heilung geht, gibt es immer noch viel Verwirrung im Leib Christi. Werden wir durch das Werk Jesu am Kreuz nur geistlich geheilt oder gilt es auch für unseren Körper?

Dieses bahnbrechende Buch schafft in dir ein Bewusstsein dafür, wer du in Christus wirklich bist, was es bedeutet, in seinem Leib mit ihm vereint zu sein und sogar wie Jesus selbst in dieser Welt zu leben. Gesundheit ist nur eine der übernatürlichen Früchte, die daraus resultieren!

Phil Mason, Quanten-Herrlichkeit

Die Wissenschaft von der Inbesitznahme der Erde durch den Himmel; 520 Seiten, Paperback

Quanten-Herrlichkeit erläutert auf eine äußerst spannende Weise die Zusammenhänge zwischen den faszinierenden Erkenntnissen der Quantenmechanik und der Herrlichkeit Gottes.

Der erste Teil untersucht die subatomare Welt und enthüllt ihren außergewöhnlich komplexen göttlichen Plan, der die Genialität unseres Schöpfers offenbart.

Im zweiten Teil erklärt der Autor ausführlich, wie die Herrlichkeit Gottes in unser physisches Universum eindringt, um Wunder göttlicher Heilung zu bewirken.

Das Buch ist vollgepackt mit verblüffenden Erkenntnissen, aber mehr als das, ist es dazu bestimmt, uns für den übernatürlichen Dienst auszurüsten, damit wir die Herrlichkeit Gottes auf der Erde freisetzen, wie sie im Himmel ist!

Frank Krause, Die Armee

Impulse zur aktuellen geistlichen Revolution; 300 S., Pb.

Die Zukunft hat begonnen. Das Verlangen nach Wahrheit, Orientierung und positiven Visionen schwillt an wie eine Flut. Menschen wollen definitiv wissen, wie sie vom Heiligen Geist verwandelt werden können, um in die Dimension der Herrlichkeit Gottes und die enge Beziehung mit Jesus, genannt „Jüngerschaft", eintreten zu können.

Sie sind bereit, dafür zu kämpfen und alle Hindernisse zu überwinden. Sie haben das Spiel religiöser Nichtigkeit und frommen Missbrauchs satt und wollen zu Jesus selbst finden und mit ihm gehen – in Liebe und Wahrheit.

Matthias Hoffmann

Gemeinschaft der Erwartungsvollen

Exodus und Metamorphose der Gemeinde Jesu in unseren Tagen; 176 Seiten, Paperback

Die Gemeinde Jesu befindet sich derzeit in einer Phase der Verwandlung. Weltweit verlassen Tausende ihre bisherigen kirchlichen Strukturen. Sie wollen nicht weg von Jesus, sondern suchen nach authentischer geistlicher Gemeinschaft. Der Autor nennt das die „Gemeinschaft der Erwartungsvollen".

Das Buch ist eine Einladung, dem nachzuspüren, was der Geist Gottes den Gemeinden heute dazu sagen will. Und der Autor ist sich gewiss, dass jeder, der sich Gott mit offenem Herzen und hungrigem Geist nähert, eine Antwort des Himmels bekommen wird.

Michael Ponsford, Das Reich Gottes in Erwartung, Erfüllung und Vollendung

Ein Überblick über die Heilsgeschichte Gottes mit den Menschen; 184 S., Pb.

Michael Ponsford spürt der Beziehung zwischen Gott und den Menschen nach – von der Schöpfung über den Sündenfall, die Geschichte der Glaubensväter und des Volkes Israel bis hin zur Ankunft Jesu Christi sowie in die Ewigkeit hinein.

Dabei sieht er die Bibel nicht nur als Lehrbuch über Gott oder über den Menschen, sondern betrachtet den Menschen in erster Linie in seinem Verhältnis zu Gott. Hierin liegt der Schlüssel zum Gesamtthema der Heiligen Schrift.

Cornelia Weinmann, Jesus ruft seine Braut

Gottes Herzschlag für Deutschland entdecken

344 S., Paperback.

Wofür schlägt Gottes Herz, was ist die Berufung der Braut Christi in Deutschland und was könnte uns hindern, diese Berufung anzunehmen?

Dieses Buch entfaltet die atemberaubende Liebesgeschichte zwischen Gott und uns Menschen, wie sie im Hohelied angedeutet wird. Wir sind eingeladen, Jesu Braut zu sein! Insbesondere werden wir dabei auch den Herzschlag Gottes für Deutschland entdecken.

Sind wir von den Traumata der Vergangenheit befreit, können wir im Takt seiner Liebe in neugewonnener Leichtigkeit in eine neue Zukunft gehen. Der Ruf geht nämlich schon durch die Welt: „Seht, der Bräutigam kommt! Geht hinaus, ihm entgegen!" (Mt. 25,6).

Barry & Lori Byrne, Liebe in der Ehe

Eine tiefere geistliche, emotionale und körperliche Einheit erleben; Vorwort von Bill Johnson; 334 S., Klappenbroschur

Gott möchte, dass die Ehe ein Ort echter Liebe und Vertrautheit ist. Dafür brauchen wir die Hilfe des Heiligen Geistes. Mit ihm können wir die Ursachen unserer Konflikte erkennen und überwinden. Unsere Ehe kann Heilung und Wiederherstellung erfahren, egal, wie der momentane Zustand ist.

Mit klarer biblischer Lehre und vielen praktischen Hilfen packen die Autoren die wichtigsten heißen Eisen an. Viele ermutigende Erfahrungsberichte verdeutlichen die dramatische Heilung und Intimität, die mit Gottes Hilfe möglich ist.

Danny Silk, Erziehung mit Liebe und Vision

Herzensbeziehungen eingehen statt Machtkämpfe austragen

Vorwort von Bill Johnson; 170 S., Pb.

Danny Silk fordert uns in unserem bisherigen Denken über Liebe, Disziplin und Respekt, ja in unserer generellen Vorstellung von Kindererziehung heraus. Er stellt eine Denk- und Lebensweise vor, die eine Leichtigkeit und Frieden in unsere familiären und sonstigen Beziehungen bringt.

Unser Herz spielt dabei die zentrale Rolle. Das Herz der Eltern und das Herz der Kinder. Wenn beide Seiten verstehen, wie sich ihr jeweiliges Verhalten auf das Herz des anderen auswirkt, werden die Herzen geschützt und Beziehungen können gedeihen.

Dr. Charity Virkler-Kayembe / Dr. Mark Virkler

Höre Gott durch deine Träume

Gottes Reden in der Nacht verstehen; 288 S., Pb.

In der Bibel finden wir sehr viele Beispiele für Gottes Reden durch Träume. Auch heute möchte er uns durch Träume wichtige Botschaften zukommen lassen. Doch beachten wir sie oft wenig oder wissen nicht, wie sie zu deuten sind.

Diesem Missstand möchte dieses Buches abhelfen. Die Autoren haben sehr viele Erfahrungen im Umgang mit Gottes Reden gesammelt. Das Buch ist ein praktischer, leicht verständlicher und biblischer Leitfaden, um die Sprache zu verstehen, die Gott in unseren Träumen benutzt.

Bestellen Sie im Buchhandel oder direkt beim Verlag:

GloryWorld-Medien | Beit-Sahour-Str. 4 | D-46509 Xanten
Fon: 02801-9854003 | Fax: 02801-9854004 | info@gloryworld.de

Aktuelles, Leseproben, Downloads & Shop: **www.gloryworld.de**